PRIMEIRO OS
COLABORADORES
DEPOIS OS CLIENTES

N331p Nayar, Vineet.
  Primeiro os colaboradores, depois os clientes : virando a gestão de cabeça para baixo / Vineet Nayar ; tradução: Ronaldo Cataldo Costa. – Porto Alegre : Bookman, 2011.
  211 p. ; 21 cm.

  ISBN 978-85-7780-787-1

  1. Administração. 2. Gestão de pessoas. 3. Liderança. I. Título.

  CDU 658.3

Catalogação na publicação: Ana Paula M. Magnus – CRB 10/2052

VINEET NAYAR
CEO DA HCL TECHNOLOGIES

PRIMEIRO OS
COLABORADORES
DEPOIS OS CLIENTES

**VIRANDO A GESTÃO
DE CABEÇA PARA BAIXO**

Tradução:
Ronaldo Cataldo Costa

2011

Obra originalmente publicada sob o título
Employees First, Customers Second: Turning Conventional Management Upside Down
ISBN 9781422139066

Original Work Copyright © 2010 Vineet Nayar
Publicado conforme acordo com Harvard Business Press.

Capa: *Paola Manica*

Leitura final: *Juliane Welter*

Editora Sênior: *Arysinha Jacques Affonso*

Projeto e editoração: *Techbooks*

Reservados todos os direitos de publicação, em língua portuguesa, à
ARTMED® EDITORA S.A.
(BOOKMAN® COMPANHIA EDITORA é uma divisão da ARTMED® EDITORA S.A.)
Av. Jerônimo de Ornelas, 670 – Santana
90040-340 – Porto Alegre – RS
Fone: (51) 3027-7000   Fax: (51) 3027-7070

É proibida a duplicação ou reprodução deste volume, no todo ou em parte, sob quaisquer formas ou por quaisquer meios (eletrônico, mecânico, gravação, fotocópia, distribuição na Web e outros), sem permissão expressa da Editora.

Unidade São Paulo
Av. Embaixador Macedo Soares, 10.735 – Pavilhão 5 – Cond. Espace Center
Vila Anastácio – 05095-035 – São Paulo – SP
Fone: (11) 3665-1100   Fax: (11) 3667-1333

SAC 0800 703-3444

IMPRESSO NO BRASIL
PRINTED IN BRAZIL

O autor

VINEET NAYAR é CEO da HCL Technologies, Ltd. (HCLT), uma das empresas indianas que mais cresce no setor de prestação de serviços em tecnologia da informação. Vineet entrou para a HCL em 1985, após concluir o MBA na XLRI. Em 1993, fundou a empresa Comnet, onde desenvolveu e colocou em prática muitas das ideias descritas neste livro. Em 2005, tornou-se presidente e, em 2007, o CEO da HCL Technologies, onde, nos cinco anos seguintes, coordenou uma mudança notável. A HCLT se tornou um dos astros indianos da TI, reconhecida ao redor do mundo por seu desempenho empresarial e suas práticas de gestão inovadoras e transformadoras. Em 2009, a HCLT foi nomeada Melhor Empregador da Índia e um dos 25 Melhores Empregadores da Ásia pela Hewitt Associates, e a *BusinessWeek* cita a HCLT como uma das cinco empresas emergentes a observar ao redor do mundo.

Agradecimentos

Antes de mais nada, eu gostaria de agradecer aos 55 mil maravilhosos parceiros e coautores deste livro: os HCLianos. Sem suas ideias, sua crença no que estávamos fazendo e sua tolerância para com certas iniciativas que muitos poderiam considerar insanas, *Primeiro os colaboradores, depois os clientes* jamais se tornaria realidade. Os membros da minha equipe de liderança, vocês que ousaram trilhar um caminho que pouquíssimos percorreram antes, são os verdadeiros heróis desta transformação. Cada um de vocês é uma pessoa fascinante, que me ensinou muito. Caminho ombro a ombro com vocês com muito orgulho. Eu também gostaria de agradecer a todos os antigos HCLianos, pois essa jornada teria sido impossível sem os alicerces que vocês construíram ao longo de um período de 30 anos. Suas pegadas nos guiaram rumo a novos destinos e terreno firme.

Shiv Nadar, você foi um maravilhoso amigo, guia e mentor. Você me inspirou assim como a tantas outras pessoas. Seu espírito – experimentar a forçar os limites – é o que mais estimo. Obrigado por acreditar em mim.

Aos meus clientes e parceiros, alguns dos quais se tornaram amigos, obrigado por acreditarem em nós desde os primeiros dias da nossa jornada. Foi o seu apoio e participação que nos ajudaram a evoluir e melhorar a estratégia Primeiro os colaboradores, depois os clientes (PCDC) a cada ano que passava. Vocês foram apoiadores entusiásticos da nossa estratégia e seu desejo de que tivéssemos sucesso é a razão fundamental pela qual a PCDC vive e respira hoje.

Aos meus pares do setor, obrigado por serem uma inspiração. Vocês me desafiaram a competir cada vez mais a cada dia, e é por isso que a jornada tem sido tão divertida. Aprendemos muito uns com os outros, e espero que continuemos essa competição, que se baseia em ideias e valores.

Sendo fiel ao estilo PCDC, contei com amigos e colegas que me ajudaram a criar este livro. Eu tinha a paixão, mas não as habilidades necessárias para escrever um livro digno de ler; então, inspirei-me em outras pessoas para realizar um sonho que às vezes parecia impossível tornar realidade. Muito obrigado a Zulfia e Amrita, duas estrelas brilhantes, que me ajudaram a fazer pesquisas e traduzir ideias em palavras, e a Meena, que administrou o processo e garantiu que não parássemos de trilhar o caminho. Obrigado a Suresh, Krishnan, Heena, R. Anand, Neha e Anand Pillai por me ajudarem a decidir a estrutura e o formato do livro. Obrigado também a muitos outros em minha equipe de liderança por revisarem os rascunhos e fazerem contribuições valiosas. Sem sua ajuda e participação, eu provavelmente teria desistido.

A música está no espaço entre as notas, e sou grato por contar com meu compositor, John Butman, para trazer música a este livro. Nunca pensei que palavras pudessem expressar o que eu sentia até conhecer John. Agradeço a Jacque Murphy, minha editora na Harvard Business Press, por sua contribuição inteligente e por me manter no rumo. Meu agradecimento a David Wan, CEO da Harvard Business Publishing, por sugerir que eu escrevesse este livro e por seu apoio ao longo do processo. Obrigado também a Linda A. Hill e Tarun Khanna, que são as coautoras do estudo de caso da Harvard Business School, que constitui a base do livro.

É preciso uma aldeia para formar um homem, e talvez uma cidade de bom tamanho para formar um autor. Minha mãe me inspirou a combater todas as adversidades. "A dificuldade é nada", dizia. "É apenas diferente". Este livro é dedicado a ela, pois seu espírito sopra vida em mim a cada manhã. Meu pai, durante as caminhadas noturnas que fazíamos, instigou em mim o desejo de pensar grande e agir com integridade. Minha esposa, Anupama, é minha amiga mais próxima e a mulher por trás do meu sucesso e da minha força. Obrigado aos meus irmãos, Neeraj e Vibhu, que são meus maiores apoiadores e críticos. Seus comentários sobre o manuscrito foram muito valiosos. Agradeço a minha tia Kailash por estimular meu orgulho – orgulho por nossa história e orgulho como modo de viver a vida. A meus filhos, Varun e Sophiyaa, obrigado por me ensinarem o que são o amor e a geração Y. Sou grato a tantos outros amigos e membros da minha família que me ajudaram a ser a pessoa que hoje sou.

Um agradecimento especial à minha equipe e às crianças que trabalharam comigo em nossa instituição de caridade, a Sampark, que tem a visão de criar "1 milhão de sorrisos", ajudando a melhorar a qualidade da educação na Índia. Toda a renda obtida com este livro irá para a Sampark.

É preciso ter coragem para trilhar um caminho diferente, mas quando você faz isso descobre que não está sozinho; existem muitos que querem caminhar com você. Agradeço a todos que acreditam em trilhar caminhos diferentes. É o ato de caminhar, e não o sucesso ao final, que faz a caminhada valer a pena.

Finalmente, agradeço a todos os leitores que escolheram este livro e mergulharam em seu conteúdo. Desejo o melhor em sua jornada.

PREFÁCIO

Uma história prática

Não é sempre que temos uma narrativa de um CEO, escrita em primeira mão, sobre como ele transformou sua organização, então em lenta decadência, em uma máquina de vitalidade e crescimento. É disso que Vineet Nayar nos fala nesta narrativa, contada na primeira pessoa, sobre a jornada da sua empresa nos últimos cinco anos.

O livro traz três perspectivas. Primeiramente, temos a visão de uma grande transformação a partir do ponto de vista de Vineet como CEO – suas dúvidas, seu processo de descoberta, a validação das suas ideias e a construção de consenso. Em segundo lugar, testemunhamos a migração de seu pensamento de administração, do velho para o novo – de um foco na estrutura hierárquica tradicional para uma que descentraliza o poder, a responsabilidade e a prestação de contas pela criação de valor. Em terceiro, exploramos os requisitos culturais para essa abordagem de gestão – a necessidade de honestidade, transparência, confiança e diálogo em todos os níveis da organização.

Mais importante, Vineet reconhece que, atualmente, a base de recursos de uma organização reside cada vez mais no talento e na criatividade de seus empregados. As empresas baseadas no conhecimento, de modo especial, dependem de equipes de indivíduos motivados, ávidos para assumir uma tarefa desafiadora após a outra e para agir como guardiões do conhecimento tácito da organização. Para gerenciá-los –especialmente os empregados da geração Y, e particularmente em organizações globais – exige-se um novo conjunto de capacidades. A história de Vineet mostra como uma empresa pode se concentrar em seus criadores de valor – os colaboradores da linha de frente – para obter crescimento e lucros notáveis.

Em um momento em que estamos testemunhando uma rápida mudança da indústria tradicional para empresas baseadas no conhecimento – e, como resultado, uma transformação do trabalho dos administradores e da prática da administração – este livro suscita questões filosóficas importantes. Existe valor inerente em cada colaborador – em seu conhecimento, sua criatividade, seu comprometimento com o trabalho e capacidade de cooperar? Para criar mais valor para os clientes, devemos nos concentrar em como os funcionários lidam com o poder? Os colaboradores, em suma, fazem alguma diferença?

Vineet responde essas questões nesta narrativa pessoal e fácil de ler. É um relato da transformação organizacional e um guia prático para administradores que desejam alcançar resultados semelhantes, bem como a história da transformação pessoal de um CEO. Recomendo-o sinceramente.

C. K. Prahalad
University of Michigan

Sumário

Introdução *17*

1 Reflexo no espelho 33
Criando a necessidade de mudança

2 Confiança pela transparência 63
Criando uma cultura de mudança

3 Invertendo a pirâmide organizacional 105
Construindo uma estrutura para a mudança

4 Reformulando o papel do CEO 153
Transferindo a responsabilidade pela mudança

5 Encontrando compreensão na incompreensão **185**
Renovando o ciclo de mudança

Notas 205

Índice 207

Introdução

Há não muito tempo, em um voo de Nova York para Frankfurt, tive uma conversa com o passageiro ao meu lado. Ele perguntou o que eu fazia, e falei que era CEO de uma empresa prestadora de serviços em tecnologia da informação (TI). Quando fiz a mesma pergunta, ele disse que era um piloto de corridas aposentado.

Durante o voo, conversamos o tempo todo, falando de nossas vidas e profissões. Enquanto tomávamos uma taça de vinho antes do jantar, ele me contou sobre um incidente do seu passado. Ele estava no meio de uma corrida quando os freios falharam. Perguntou-me se eu já havia tido essa experiência.

"Não", falei. "O que você fez?"

"Quais você acha que eram as minhas opções?", perguntou ele.

Pensei em várias possibilidades, mas realmente não tinha ideia.

"A maioria dos pilotos faz duas coisas", ele disse. "Primeiro, tentam fazer os freios funcionarem. Depois, diminuem a velocidade. A primeira opção distrai o piloto e o coloca em risco de bater. A segunda o torna um perigo para os outros pilotos e também o coloca em risco de bater".

"Então o que você deveria fazer?", perguntei.

"Acelerar", ele disse. "Acelerar até passar os outros carros e depois fazer o que fosse necessário".

Não tenho ideia de que essa estratégia realmente funcione em uma corrida ou se era apenas o vinho falando. E ainda não encontrei outro piloto para perguntar a respeito. Porém, fiquei imaginando porque essa opção não havia me ocorrido.

Enquanto pensava no assunto, outro incidente me veio à mente. Recentemente, encontrei um amigo de infância que não via há 25 anos. Não consegui evitar de dizer: "puxa, você está tão diferente. Não posso crer!"

Bem, por que ele não estaria diferente? Por que reagi com tanta surpresa? Por que não sinto a mesma surpresa quando me olho no espelho? Afinal, eu mudei tanto quanto o meu amigo.

Talvez tenha a ver com a maneira como o cérebro é programado para lidar com a mudança. Quando os freios falham, a mudança é instantânea, e você não tem escolha além de tentar pensar em opções para agir. Mudanças graduais, como o envelhecimento, porém, não notamos até que algo nos force a fazê-lo.

A história do piloto de corrida me afetou muito, eu acho, porque estava no meio de uma corrida naquela época, uma corrida para transformar nossa empresa, e estava seguindo exatamente a estratégia que o meu colega de voo descrevera: acelerar para passar os competidores e ter espaço para manobrar.

É claro que não pensava dessa forma naquela época, na primavera de 2005. Eu apenas sabia que a nossa empresa, a HCL Technologies (HCLT), estava em uma situação difícil e que tínhamos que fazer algo rápido ou poderíamos sair da corrida. Fazia pouco tempo que eu dirigia a empresa, e ainda estava tentando entender o que significava coordenar um empreendimento tão grande. Eu dirigira uma unidade empresarial menor da HCL, chamada Comnet, que eu havia fundado, e agora estava à frente de uma das cinco principais empresas prestadoras de serviços de TI da Índia. A empresa tinha 30 mil empregados, operações em 18 países, receita anual de aproximadamente 700 milhões de dólares e uma taxa composta de crescimento anual (CAGR) saudável, de aproximadamente 30% nos cinco anos anteriores.

Atrás desses números bastante impressionantes, porém, havia uma realidade difícil. A HCLT era como meu amigo de infância que, de repente, parecia velho. Antes um dos astros corporativos da Índia, a HCLT estava crescendo menos que o líder do mercado em seu setor (uma empresa que havia alcançado uma CAGR de 50% nos últimos cinco anos) e que seus rivais imediatos, perdendo espaço no mercado e ficando para trás também em reconhecimento.

Ainda assim, o nome HCL era legendário na Índia. A empresa foi fundada em 1976 em uma *barsaati*, o equivalente no país ao que seria uma empresa de garagem nos Estados Unidos, por um grupo de jovens empreendedores liderados por Shiv Nadar, pioneiro do setor de TI indiano e hoje um dos mais respeitados líderes empresariais da Índia.

Entrei para a empresa em 1985, logo após sair da faculdade, quando a companhia ainda engatinhava, com menos de 10 milhões de dólares em vendas. Eu tinha o sonho de entrar para uma empresa pequena e ajudar a torná-la grande, e Shiv tinha uma visão poderosa para o setor da informática, e a capacidade de pensar além do óbvio, que eu considerava fascinante.

O sonho se tornou realidade. O setor de TI mundial decolou, como Shiv previra, e as empresas de tecnologia da Índia explodiram com ele. A HCL se tornou uma líder em seus negócios e mercados, crescendo de 10 milhões para 5 bilhões de dólares por um período de 25 anos, liderado pela HCL Technologies e outra unidade do grupo, a HCL Infosystems. Por muitos desses anos, a HCL foi líder da corrida, mantendo o primeiro lugar à frente de seus correlatos indianos. Ela foi uma das primeiras a introduzir muitas inovações tecnológicas e serviços no mundo, e essas inovações, combinadas com uma cultura empreendedora, atraíram os melhores e mais inteligentes para trabalhar na HCL.

De 2000 a 2005, contudo, a HCLT ficou para trás. De algum modo, não enxergamos que estávamos desacelerando (mesmo que um crescimento de 30% não pareça lento) e que nossos concorrentes estavam nos ultrapassando a galope. Por que não vimos? Talvez estivéssemos satisfeitos com o crescimento que tínhamos alcançado. Talvez acreditássemos que estávamos fazendo o melhor que podíamos. Talvez estivéssemos oferecendo os serviços errados para o novo mercado.

Isso acontece com frequência com as empresas. A menos que a empresa tenha uma obsessão em mudar constantemente para melhor, uma mudança gradual para pior geralmente passa despercebida. Já vimos isso acontecer com empresas que foram grandes em todo o mundo. Pode acontecer também com a sua, e talvez já esteja acontecendo.

Então, quando você deve tomar a decisão de mudar? Quando chegar o momento haverá muitas perguntas a fazer: por que decidimos mudar? Que nível de mudança nossa organização deve aspirar? Com que empresas devemos nos comparar? Como começaremos a implementar a mudança? Quanto risco podemos tolerar em nossas iniciativas de mudança?

Um belo dia, nós na HCLT (hoje uma família de 55 mil pessoas e de 2,5 bilhões de dólares em receitas) tomamos a decisão de mudar, e este livro conta a história de nossa fascinante jornada de autodescoberta e como realizamos nossa transformação por meio de uma abordagem única:

- Forçamo-nos a olhar no espelho e reconhecer que havíamos mudado para pior.

- Pisamos no acelerador e corremos, avançando de uma posição mais atrás no grupo para uma posição de liderança, com o crescimento mais rápido em nosso setor – um crescimento para o triplo da receita em quatro anos. (Fomos uma das poucas empresas do mundo a crescer durante a recessão de 2008-2009).

- Deixamos de ser um ambiente de trabalho com muito atrito e pouca atratividade, sendo considerados o Melhor Empregador da Índia e o Melhor Empregador da Ásia e do Reino Unido.

- Paramos de repetir as mesmas banalidades empresariais e nos tornamos um líder reflexivo e inovador, identificado pela *BusinessWeek* como uma das cinco empresas emergentes a observar, e descrito pela *Fortune* como tendo a "gestão mais moderna do mundo".

- Ganhamos atenção e elogios nas principais publicações de negócios ao redor do mundo e fomos usados como estudo de caso na Harvard Business School, não apenas pelo que realizamos, mas pela maneira como o fizemos.

Esta última questão é crítica: qualquer jornada de transformação exige inovação no *que* você faz e em *como* faz. O mundo empresarial se concentra principalmente no *que* da estratégia – novos produtos, novas propostas, novos mercados – e presta muito menos atenção em *como* uma empresa gerencia suas equipes e departamentos. Em nossa experiência, a diferença no *como* é a melhor oportunidade para motivar a transformação e o crescimento acelerado. Portanto, embora eu descreva o *que* da nossa estratégia, pois ele teve um papel importante na transformação, falo muito mais sobre o *como*, que realmente é a parte mais interessante e valiosa da nossa história.

Chamamos a abordagem do *como* de *Primeiro os colaboradores, depois os clientes*, ou PCDC. A visão convencional, é claro, diz que as empresas sempre devem colocar o *cliente* em primeiro lugar. Todavia, em qualquer prestadora de serviços, o valor real é criado na interface entre o cliente e o empregado. Então, colocando seus colaboradores em primeiro lugar, você pode fazer uma mudança fundamental na maneira como a empresa cria e entrega valor singular para seus clientes e se diferencia da concorrência. Por meio de uma combinação de empregados envolvidos e administração responsável, a empresa pode criar valor extraordinário para si mesma, para o cliente e para os indivíduos envolvidos em ambas as empresas.

Desse modo, quando uma empresa coloca seus empregados em primeiro lugar, o cliente na verdade vem primeiro e ganha o maior benefício, mas de um modo muito mais transformador do que pelos programas tradicionais de "atendimento ao cliente" e coisas do gênero.

PCDC envolve diversas práticas e ações específicas e um modelo de implementação que pode gerar resultados extraordinários. Também é uma "jornada reflexiva", que está em constante evolução, com novas ideias e iniciativas tomando forma ao longo do caminho.

Neste livro, descrevemos as quatro fases da jornada PCDC, nas quais avançamos na HCLT. Essas fases podem ser mais bem entendidas como componentes, pois cada uma das quatro tende a ser revisitada em diferentes configurações e sequências à medida que ocorrem novas iniciativas. Além disso, pode haver um quinto ou sexto componente que outras pessoas, fora da sua empresa, tenham identificado e que podemos explorar no futuro.

Escrevi este livro para provocar reflexão e discussão sobre o conceito de PCDC, em vez de aglutinar todos os fatos sobre a transformação da HCLT. Assim, pense neste livro como uma descrição dos muitos experimentos, debates e ideias inusitadas que geramos no decorrer da nossa jornada, durante um período, para uma determinada empresa e seus funcionários. Outras pessoas podem aprender com essa jornada, adaptá-la e aplicá-la de milhares de maneiras a suas próprias situações, em qualquer grupo, empresa, setor ou cultura. Como esta não pretende ser uma narrativa jornalística da nossa empresa, mudei os nomes de algumas das pessoas que aparecem no livro, embora todas se baseiem em pessoas reais, e algumas das cenas e conversas são recordações da memória, em vez de transcrições ou anotações detalhadas, de modo que devem ser consideradas representativas. Indico no texto quando os nomes foram alterados.

O livro é estruturado em quatro fases, conforme apresentadas nas seções a seguir.

Reflexo no espelho: criando a necessidade de mudanças

Como se começa uma mudança? Olhando no espelho. Por que a verdade fundamental da situação de uma empresa foge à compreensão de tantos gestores? Não sei, mas sei que foge. Decidimos nos forçar a enfrentar a realidade da nossa posição difícil. Contudo, isso não é suficiente. Aprendemos que é necessário olhar no espelho todos os dias e, ao olhar, procurar as coisas que *não* gostamos naquilo que vemos, em vez de focar as coisas agradáveis, aqueles atributos que nossos *slogans* publicitários já divulgam.

Ao mesmo tempo, você deve criar uma imagem de como seria, se mudasse. Essa imagem futura é o que chamo de *romance do amanhã*, e é o que motiva as pessoas a pisar fundo no acelerador, quando a lógica diz para pisar no freio. O Capítulo 1 descreve algumas das discussões e debates que tivemos, e algumas das ações que tomamos, para que todos pudéssemos começar a enxergar a necessidade de mudar na HCLT. Mesmo assim, embora uma consciência da necessidade da mudança seja absolutamente necessária, não é o mesmo que fazer a mudança em si.

Confiança pela transparência: criando uma cultura de mudança

Depois que você criou a necessidade de mudar, existe uma lacuna significativa entre a intenção de mudar e o ato verdadeiro de mudar. O Capítulo 2 explica que uma razão para essa lacuna é a falta de confiança entre os funcionários e a administração, uma condição que, infelizmente, é bastante comum hoje. Para transformar uma empresa, as pessoas devem se alinhar e trabalhar juntas em direção a uma meta, mas isso não acontecerá sem uma cultura de confiança.

Existem muitas maneiras de construir confiança, e muitos outros autores já as discutiram. Na HCLT, enfocamos uma ação específica para construir a confiança: aumentar a transparência. Quando fizemos isso, observamos que a maioria das pessoas dentro da organização sabe muito bem o que há de errado na empresa, às vezes mesmo antes da administração ou, no mínimo, antes que a administração se disponha a admitir. Quando você expõe essa informação e torna os desafios públicos, os empregados se sentem incluídos. Eles começam a enxergar que os problemas da empresa também são seus problemas, e não apenas da administração. Compreendem que, se a administração estiver disposta a compartilhar informações importantes, mesmo a parte ruim, e incentiva uma conversa aberta sobre os fatos, suas intenções serão confiáveis. Em seguida, você começará a ver ações positivas no nível básico, mesmo antes que a administração possa decidir quais ações ou soluções buscará. Muitas vezes, vimos empregados começando a trabalhar os problemas sem que ninguém lhes pedisse.

Os momentos difíceis testam as convicções da administração e seu compromisso de seguir o novo caminho. Fomos testados durante a recessão de 2008-2009 e mantivemos o curso. Isso criou uma confiança enorme entre a administração e os empregados – confiança que beneficiou a empresa quando emergimos das dificuldades e passamos para o nível seguinte de desempenho. Outras empresas, que haviam adotado ações apressadas para melhorar os resultados de curto prazo, enfrentam um difícil desafio quando pedem para seus empregados se envolverem totalmente, à medida que tentam crescer após a recessão. Creio que veremos mais evidências disso ao acompanharmos o desempenho de algumas dessas empresas nos próximos anos.

Invertendo a pirâmide organizacional: construindo uma estrutura para a mudança

Mesmo quando as pessoas enxergam a necessidade de mudar, depois que se criou uma cultura de confiança, e os empregados começam a agir rumo à mudança positiva, ainda podem surgir falhas estruturais no caminho dos bons resultados, e é importante lembrar que o sucesso de uma iniciativa individual não é o mesmo que uma mudança sustentável. A HCLT e muitas outras empresas ao redor do mundo tentam fazer os negócios da nova era com estruturas centenárias – hierarquias e matrizes que muitos líderes zelosos consideram obsoletos.

Na HCLT, nosso maior problema com a estrutura organizacional era que ela não dava suporte às pessoas naquilo que chamamos de *zona de valor*: o lugar onde o valor é verdadeiramente criado para os clientes. Em uma prestadora de serviços na economia do conhecimento, essa zona se encontra na interface entre o cliente e o empregado. Em empresas tradicionais, a zona de valor muitas vezes está soterrada na hierarquia, e é lá que trabalham as pessoas que criam mais valor na empresa. De maneira paradoxal, esses criadores de valor quase sempre respondem a chefes e gerentes – localizados geralmente no topo da pirâmide ou nas chamadas "funções facilitadoras" – que não contribuem diretamente para a zona de valor. Porém, como esses "superiores" detêm a autoridade formal e os criadores de valor devem responder a eles, ocupam uma zona de poder.

Assim, para mudar nosso foco para a zona de valor, invertemos a ordem da organização e fizemos a administração e os gerentes, incluindo indivíduos em funções facilitadoras (como recursos humanos, finanças, treinamento e outras), responderem àqueles que criam valor, e não o inverso. Sem essas alterações estruturais, a mudança se torna muito mais difícil, quando não impossível. E somente fazendo ajustes na estrutura organizacional é que a mudança se torna sustentável e capaz de durar mais que o líder que a inicia. O Capítulo 3 traz detalhes importantes sobre a inversão da pirâmide organizacional.

Remodelando o papel do CEO: transferindo a responsabilidade pela mudança

Existe um amplo debate sobre o papel da liderança, particularmente depois que tantas empresas tiveram problemas durante a recessão e mesmo países inteiros tiveram dificuldades por má liderança. A liderança é fundamental a uma empresa, e talvez seja mais difícil definir o papel da liderança em empresas que competem na economia do conhecimento. Uma das falhas estruturais dos sistemas de gestão tradicionais é que o líder tem poder demais. Isso impede que a organização se democratize e que a energia dos empregados seja liberada. Se o seu objetivo é criar mudanças sustentáveis e impedir que sua empresa saia da corrida periodicamente, você deve pensar cuidadosamente sobre o papel do *escritório* do CEO e não apenas no papel da pessoa que detém o cargo naquele momento.

Durante essa fase, aprendi que, como CEO, ou como qualquer líder ou gestor, você deve parar de se considerar a única fonte de mudanças. Você deve evitar o impulso de responder a cada pergunta e fornecer a solução para cada problema. Ao contrário, deve começar a fazer perguntas, enxergar os outros como fontes de mudanças, e transferir a propriedade do crescimento da organização para a próxima geração de líderes que estejam mais próximos da zona de valor. Somente desse modo, você pode começar a criar uma empresa que seja autodirigida e autogovernada, onde os empregados se sintam donos, sejam animados com o seu trabalho e se concentrem constantemente em mudanças e em inovações que sacudam o coração da zona de valor. De fato, como explico no Capítulo 4, o maior impacto da estratégia PCDC é que ela libera o poder dos muitos e enfraquece a influência repressora dos poucos, aumentando assim a velocidade e a qualidade das inovações e decisões onde mais importam – na zona de valor – a cada dia.

Encontrando compreensão na incompreensão: renovando o ciclo de mudança

É fácil alguém não compreender a intenção e os métodos da estratégia PCDC e, no Capítulo 5, discuto as diversas objeções que ouvi à nossa abordagem:

- Não funcionará em momentos difíceis.
- Não é necessária nos bons momentos.
- Os clientes jamais enxergarão o valor.
- Exige iniciativas de grande escala.
- Não melhora o desempenho da empresa.

De fato, as práticas que usamos na HCLT, e aquelas que você pode usar em sua empresa, trazem valor real para os clientes em bons e maus momentos, não exigem grandes iniciativas ou gastos, e têm um efeito positivo visível sobre o desempenho corporativo.

Isso ocorre porque as práticas devem ser consideradas catalisadores de mudanças positivas. Costumo chamar as práticas – ou, da mesma forma, as pessoas que as originam – de *gotas azuis do oceano*, por conta do livro *Blue Ocean Strategy*, de W.Chan Kim e Renée Mauborgne, pois essas pequenas ideias podem criar um oceano de mudança e proporcionar que a empresa entre em uma zona de desempenho totalmente nova, não importa qual seja a sua situação atual.

Os catalisadores são ações simples, em vez de programas elaborados de mudança organizacional que se arrastam por anos e anos, e podem ajudar a transformar uma cultura bloqueada em uma cultura em constante evolução. Às vezes, os catalisadores não criam mudanças ou podem levar a efeitos secundários inesperados. Tudo bem, pois nossas incompreensões sempre levam a uma compreensão mais profunda. Quando as condições externas mudam, nossa jornada reflexiva começa novamente.

Sua própria jornada

As quatro fases ou componentes que descrevo no livro podem soar como se trouxessem desafios difíceis, até intransponíveis. Porém, precisamos de apenas uma ideia catalisadora, uma gota, para começar a superá-los. Muitos outros líderes, que fizeram transformações muito mais radicais do que as nossas na HCLT, entendem o poder dos catalisadores. Penso, por exemplo, na famosa marcha do sal de Gandhi: ele caminhou até o mar para fazer sal como protesto contra o governo britânico e seu monopólio sobre a produção de sal na Índia – um pequeno ato que levou a uma grande revolução no país.

Não creio que os catalisadores que usamos sejam necessariamente aqueles que você deve usar em sua empresa ou que a maneira como alcançamos uma transformação na HCLT seja a maneira em que você pode transformar sua empresa ou suas equipes. Você deve fazer sua própria jornada. Suas fases reflexivas provavelmente serão diferentes das nossas. Seus catalisadores também podem ser diferentes.

Todavia, um pensamento deve ser fundamental para todas as nossas jornadas: inverter a forma convencional de administração, colocando os colaboradores em primeiro lugar.

CAPÍTULO UM

Reflexo no espelho
Criando a necessidade de mudança

Começando do começo.
No início de 2005, os empregados da HCLT estavam em clima de comemoração. A empresa havia passado dos 700 milhões de dólares em receita anual e apresentava um bom histórico de crescimento. Os empregados tinham muitas histórias para contar sobre si mesmos, a empresa, nossos produtos inovadores e seus relacionamentos duradouros com os clientes. A maioria das pessoas na empresa estava se sentindo bem.

Algumas, porém, estavam enxergando o outro lado da moeda. A HCLT estava crescendo, é claro, mas não tão rápido quanto os líderes no setor de serviços de TI. E, apesar do crescimento na receita, a empresa estava perdendo espaço no mercado. Ela também vinha perdendo o reconhecimento rapidamente fora da Índia, por causa dos ganhos de outras empresas. E a HCLT tinha um problema de pessoal, também, pois alguns dos seus colaboradores mais talentosos estavam saindo para trabalhar para a concorrência.

Embora muitos observadores acreditassem que a HCLT era como um carro de corridas liderando o setor, alguns percebiam que os freios poderiam falhar a qualquer momento e o veículo poderia facilmente colidir contra uma parede. Qual era a realidade da situação? Qual visão era a verdadeira?

Essa era a questão fundamental que a HCLT enfrentava – a mesma que muitas outras empresas tiveram que confrontar em 2008, no auge da recessão. Será que a empresa está em perigo suficiente, a ponto de precisar tentar se transformar antes que seja tarde demais? Ou deve apenas sair da tempestade e esperar que as coisas melhorem?

Os fatos fizeram de mim a pessoa responsável por essas perguntas. No final de 2004, quando era CEO da HCL Comnet, uma subsidiária da HCL, o presidente da HCL Technologies teve problemas de saúde. Logo em seguida, recebi uma ligação de Shiv Nadar, diretor e fundador da empresa.

"Vineet," disse ele. "Gostaria que você pensasse sobre a possibilidade de dirigir a HCLT".

Eu não tinha certeza se queria o emprego. Estava feliz na Comnet, a empresa que eu, juntamente com meu grupo, havia construído desde o alicerce, tornando-a global. A Comnet era pioneira e líder em gestão de infraestrutura remota, um segmento em rápido crescimento no setor de serviços de TI. Havíamos criado um ambiente empresarial e construído operações de sucesso em onze países; nossa empresa estava crescendo mais rapidamente que seus concorrentes. Eu tivera êxito em criar uma nova firma, mas administrar uma empresa grande e estabelecida, com um legado a gerir, seria algo totalmente diferente. Além disso, eu sempre acreditara na beleza do pequeno, e a energia, velocidade e inovação em empresas como a Comnet (por volta de 500 milhões de dólares em receita atualmente) mantinham minha adrenalina alta. Eu não queria abrir mão daquele ambiente.

Creio que atraí essa situação para mim. Eu tinha sido um crítico de algumas das estratégias usadas na HCLT e havia expressado para Shiv que a empresa não estava na dianteira da corrida; ao contrário, perdia velocidade rapidamente. Contudo, nunca disse que *eu* queria assumir o assento do motorista.

Educadamente, recusei o convite de Shiv para ser presidente e achei que terminaria por aí.

Algumas semanas depois, ele telefonou e disse: "venha jantar na minha casa. Vamos conversar mais sobre isso".

Jantamos, e depois discutimos a questão madrugada adentro. Shiv compreendia as forças da mudança que moviam o setor de TI e os problemas que a HCLT enfrentava. Tendo visto o que realizamos na Comnet com um estilo de gestão radical, ele havia concluído que a HCLT não poderia mais operar do modo tradicional. Falei que poderia ser tão provável que eu destruísse a empresa quanto ajudasse a transformá-la. Shiv é um mentor e um amigo íntimo desde que criei a Comnet em 1993 e, enfim, era impossível dizer não a ele.

"Contudo", falei, "quero fazer do meu jeito. Preciso ter liberdade para adotar uma abordagem heterodoxa".

"É claro", ele respondeu.

E foi assim. Ele não me perguntou exatamente qual era essa abordagem heterodoxa – o que foi bom, pois eu não sabia.

O ponto de partida que faltava

Uma das alegrias da vida é assistir os filhos aprenderem coisas novas.

Lembro de quando meus filhos aprenderam a segurar um lápis. Eles pegavam qualquer superfície em que pudessem escrever, colocavam o lápis e faziam um risco. Ficavam impressionados com a magia daquele instrumento. Depois de muitos rabiscos, aprenderam a arte de desenhar uma linha reta, conectando dois pontos. Esse ato simples trouxe muito prazer e clareza para seu pensamento. E não é assim que tentamos viver nossas vidas? Começamos em um ponto A definido e tentamos chegar a um ponto B definido.

Então, enquanto me preparava para me tornar presidente da HCLT, pensei muito sobre onde estávamos e onde queríamos chegar, e tentei simplificar a nossa situação. Compreendi, com alguma surpresa, que nem o ponto A e nem o ponto B estavam definidos com clareza. As pessoas tinham visões diferentes sobre onde a empresa estava (correndo na frente ou a ponto de bater?), e ninguém havia expressado claramente para onde a empresa se dirigia ou devia se dirigir. Era evidente que o ponto A permanecia indefinido — ou que a empresa ainda estava presa a um ponto A que havia sido definido, mas há muito tempo — pois nunca realmente desaceleramos. Ocorria apenas que nossos pares haviam acelerado mais e estavam crescendo muito mais rapidamente do que nós.

Analisei outras empresas em busca de um modelo de mudança. A maioria delas estava claramente perto de seu ponto B, e isso era articulado em suas declarações de visão, missão e objetivos. Porém, para minha surpresa, compreendi que a maioria delas não havia definido seu ponto A com igual clareza. Elas negligenciaram esse elemento vital, em um ambiente inconstante que rapidamente pode tornar a posição da empresa obsoleta. Na maioria dos casos, a única definição do ponto A era em relatórios financeiros e outros dados básicos, que apresentavam apenas uma visão limitada e absoluta da situação.

Aquilo me deixava confuso. Seria possível fazer um plano para alcançar o ponto B sem entender e concordar a respeito do ponto A? Não creio. Pode uma criança fazer uma linha sem antes colocar a ponta do lápis em um ponto específico do papel?

Esse pensamento esclarecia o primeiro passo que precisávamos dar: tínhamos que definir o nosso ponto A e ver como a verdade havia mudado.

Mudanças no ambiente

O desempenho de uma empresa em relação à concorrência é apenas um dos fatores que define seu ponto A. Também é importante analisar toda a paisagem da indústria de atuação e ver como se está evoluindo. Muitas vezes, a paisagem mudou tanto que o ponto A original encontra-se fora do mapa.

Para a HCLT, a mudança fundamental na paisagem foi que, ao longo dos cinco anos anteriores, a tecnologia da informação se tornou cada vez mais central para a estratégia empresarial. Empresas como a Boeing, Dell, Amazon.com e o eBay usaram a tecnologia para mudar as regras de forma tão dramática que estão jogando um jogo totalmente diferente, fazendo seus concorrentes correrem atrás ou abandonarem o jogo completamente.

Em 2005, a influência da tecnologia nos negócios estava explodindo ainda mais, com avanços em telecomunicações, serviços de internet e meios de comunicação social. A tecnologia havia se tornado central não apenas para a estratégia dentro dos modelos empresariais existentes, mas também para criar e sustentar modelos inteiramente novos, desde a reinvenção da cadeia de distribuição global por Li & Fung até a invenção de um novo modelo de receita virtual pelo Google.

Toda essa mudança levou a um aumento dramático na importância da posição do diretor de tecnologia da informação (o CIO). Na hierarquia tradicional, a liderança sênior sempre formulava a estratégia, o pessoal intermediário de operações convertia a estratégia em um conjunto de atividades, e os executivos de TI encontravam maneiras de automatizar essas atividades e torná-las eficientes e rentáveis. Nesse modelo tradicional, os empresários raramente interagiam com a TI; eles apenas dirigiam.

Atualmente, contudo, espera-se que os CIOs apresentem processos mais rápidos, mais baratos e melhores que possam ajudar as empresas a se diferenciarem de seus concorrentes e alcançarem a vantagem competitiva desejada. A mudança foi tão dramática que se abriu um novo caminho profissional, de CIO para CEO. Alguns anos antes, seria raro ver um CIO assumindo o papel de líder sênior, mas, agora, tornou-se relativamente comum. David Bernauer, CIO da Walgreens, havia se tornado seu CEO; Bruce Giesbrecht mudara da posição de CIO para CEO na Hollywood Entertainment; e cinco ou seis outros haviam feito o mesmo. Creio que esse fenômeno (que gosto de chamar de "o CIO reencarnado") indica um futuro muito diferente para a TI empresarial e seus líderes.

Na organização de TI tradicional, o CIO atua como um administrador competente. Nas novas empresas inteligentes, espera-se que os CIOs sejam proativos e se tornem agentes de mudança, colaboradores para a agilidade empresarial e gestores de operações críticas para a missão. Em outras palavras, os principais clientes da HCLT – os CIOs e suas equipes – estavam mudando de maneiras bastante dramáticas. A maior parte do setor estava tentando se encaixar no ritmo dessa mudança, enquanto a maioria dos empregados da HCLT ainda não havia compreendido o seu impacto.

Tínhamos que fazer nossos empregados enxergarem, de forma muito clara, a verdade desse novo ponto A para o setor e a do nosso próprio ponto A dentro dele.

Olhando no espelho

O processo que seguimos para fazer colaboradores enxergarem a situação no ponto A é o que veio a ser chamado de *Reflexo no espelho*.

Reflexo no espelho é um exercício de comunicações que envolve conversar com colaboradores em toda a organização sobre a verdade como a enxergam e fazê-los reconhecer a realidade, o elefante na sala, que todos essencialmente conhecem, mas que jamais foi reconhecido em público. É questão de fazer os membros da organização se olharem no espelho e descreverem cuidadosamente e fidedignamente o que enxergam.

Não se pode fazer isso enviando um memorando e dizendo às pessoas para enfrentarem a realidade. O processo deve ser buscado pessoalmente, presencialmente e conjuntamente. Assim, no dia em que assumi meu novo papel como presidente da HCLT, peguei um avião e passei as duas semanas seguintes visitando nossas instalações e conversando com o maior número possível de pessoas em todos os níveis da empresa.

Escolhi minha primeira parada cuidadosamente: a cidade de Chennai, na região sul da Índia, lar do centro de engenharia da HCLT. Grande parte do nosso sucesso no passado se deu por causa da capacidade da equipe de engenharia de identificar as tendências emergentes e desenvolver novos produtos para cumpri-las e levá-las ao mercado antes da concorrência. Eu havia trabalhado lá como gerente de produção no começo da minha carreira e participara de muitas campanhas de sucesso com a equipe. Eu sabia que Chennai era o lugar certo para começar.

No primeiro dia da minha experiência com o espelho, aterrissei em Chennai, dirigi até a fábrica principal e, alguns minutos após a chegada, comecei uma sessão com aproximadamente 500 membros da equipe de engenharia. Falei honestamente sobre como enxergava a situação – minha definição do nosso ponto A – e articulei os temas que enfatizaria novamente durante as semanas seguintes.

- A HCLT havia perdido sua competitividade, pois se tornara tolerante a mudanças graduais que não correspondiam às mudanças rápidas do setor e, pior ainda, considerava esse ritmo como um progresso aceitável.

- Todavia, a empresa poderia ruir a qualquer dia e tinha uma quantidade muito limitada de tempo para evitar um desastre.

- A única maneira de prevenir um desastre era acelerar, andar mais rápido e transformar a empresa e a maneira como funcionava.

Após meus comentários, esperei pelas reações. Não houve muitas. Foi como se eu tivesse dito o indizível, e todos estivessem chocados e magoados demais para que pudessem conversar. O orgulho que sentimos por nosso trabalho e nosso passado torna difícil ouvir a verdade, e mais ainda aceitá-la. Houve algumas perguntas sobre o que faríamos agora e o que tudo aquilo significava. Muitas das perguntas eu não pude responder. "Ainda não tenho todas as respostas", falei a eles. "Talvez nunca tenha as respostas. Elas terão que vir de vocês". Isso confundiu as pessoas ainda mais. Como eu podia dizer a eles que deveríamos mudar, sem dizer exatamente como?

Anos depois, alguns membros da equipe de engenharia que estavam naquela sessão disseram-me que haviam tomado meus comentários pessoalmente e haviam se magoado com eles. Pude enxergar a mágoa já na época, mas sabia que era necessário enxergar o elefante na sala e que eles começassem a pensar a respeito. Sem a participação dos colaboradores e um consenso quanto ao ponto A, jamais seríamos capazes de alcançar o ponto B.

Todos a bordo?

Deixei Chennai pensando como isso se resolveria. Em uma semana, eu estava nos Estados Unidos visitando nossos vários escritórios. Nas duas semanas seguintes, estive em Londres, Frankfurt e Tóquio, e retornei a Bangalore e Nova Déli. Falei com milhares de empregados, clientes e parceiros. Nessas conversas, repeti os mesmos comentários várias vezes, ouvi muitas das mesmas perguntas e observações, vi a mesma mágoa e confusão.

Enquanto me reunia com pessoas pela empresa e olhava por sobre os rostos dos empregados nas reuniões, uma imagem da minha infância me veio à mente. Quando era pequeno, nossa família às vezes viajava de trem. Corríamos até a estação e esperávamos os vagões chegarem. Quando o trem finalmente chegava e parava, o maquinista pulava na plataforma e gritava com sua voz estrondosa: "todos a bordo!". Não havia hesitação entre a multidão que esperava. Todos avançavam, na esperança de conseguir um lugar. Eu adorava ouvir o chamado do maquinista e ver a reação imediata que causava.

Naquelas primeiras reuniões, eu me sentia como o maquinista, gritando: "todos abordo!", mas a resposta era muito menos entusiástica do que na estação de trem. Comecei a me perguntar se as pessoas subiriam a bordo. Será que todos *precisam* subir a bordo? Como vou saber se estão a bordo? Quanto mais reuniões e conversas tínhamos, mais claro ficava que certas pessoas estariam a bordo, algumas jamais subiriam e outras não tinham certeza. Criei nomes para os três grupos: os transformadores, as almas perdidas e os indecisos.

Transformadores. Os transformadores há muito vinham esperando que um maquinista chamasse: "todos a bordo!" Quando me reuni com eles, estavam agressivos e até bravos com a empresa e sua situação. Eles queriam mudar imediatamente, mais rápido do que poderíamos fazer. Eles tinham visto as mesmas coisas que eu no espelho. Estavam frustrados porque não tinham sido capazes de fazer as mudanças que consideravam necessárias. Eles se sentiam sufocados pela organização.

Embora eu simpatizasse com eles, não entendi realmente seus sentimentos de sufocação. O que os impedia de fazer mudanças? O que estava atrapalhando o seu caminho? Demorei bastante tempo para compreender que a organização era a maior responsável por sua frustração.

Como resultado, os membros desse grupo me olhavam com esperança de que o que eu falava sobre mudar fosse real, mas também com ceticismo de que alguma coisa realmente aconteceria um dia.

Em uma reunião, um transformador me fez uma pergunta muito interessante. "Vineet", ele disse, "obrigado por vir aqui e nos escutar. Mas, nós vamos vê-lo de novo?"

Aquilo me acertou em cheio, especialmente porque havia 500 pessoas na sala, escutando com atenção e esperando a minha resposta. Honestamente, eu não sabia quando ou se veria aquele grupo novamente, mas eu ainda não havia alcançado um ponto onde pudesse ser tão transparente em minhas respostas quanto me tornei no final. Não lembro exatamente qual foi a minha resposta, mas os transformadores disseram que não era convincente.

Almas perdidas. O segundo grupo de pessoas é composto por aqueles que chamo de almas perdidas. Eles passam as reuniões com expressões sérias. Qualquer coisa que fizéssemos ou que propuséssemos, em sua opinião, seria inútil e errada. Sua negatividade ia além das suas visões sobre planos específicos. Estavam convencidos de que não havia absolutamente nada que pudéssemos fazer, nenhum plano que pudéssemos seguir, que pudesse mudar qualquer coisa.

Essa visão poderia ser tolerável se eles a guardassem para si mesmos, mas as almas perdidas tendem a verbalizar seus sentimentos e a expressar suas posturas, e drenam a energia em qualquer reunião ou grupo de que participam. Se eu dissesse algo como: "não sei como vamos fazer isso, mas acreditem, vamos chegar lá", as almas perdidas se prendiam às minhas palavras. Para eles, admitir que eu não sabia nada demonstrava que era incompetente. Eles não consideravam isso um sinal de honestidade ou transparência.

Embora eu as chamasse de almas perdidas, não creio que essas pessoas fossem intencionalmente obstrutivas, que quisessem fazer mal, ou que não pudessem dar uma contribuição. Talvez nem notassem que pareciam negativistas. Acho que muitas vezes se consideravam realistas que diziam a verdade, os únicos que realmente entendiam como as coisas funcionavam, ou não.

Indecisos. Chamo o terceiro grupo de colaboradores, o maior dos três, de indecisos. Essas pessoas são as que menos falavam nas reuniões e raramente faziam perguntas, mas observavam cuidadosamente os transformadores e as almas perdidas. Quando nossos olhos se cruzavam, sempre sorriam para mim. Eles diziam coisas boas sobre a HCLT quando era esperado. Mas estavam claramente no modo de "esperar para ver".

Depois que classifiquei esses três grupos, refleti sobre como poderia fazer o maior número possível deles subir a bordo. Na época, eu ainda não tinha lido o livro *The Tipping Point*, de Malcolm Gladwell, com sua análise de como as pessoas agem como "conectores" e vendedores para levar os movimentos sociais a um ponto de inflexão inevitável. Porém, estava ciente da importância de envolver uma massa crítica de pessoas em um esforço de mudança e sabia que 10 por cento da população total da empresa podiam ser suficientes, desde que fossem as pessoas certas.

Assim, decidi me concentrar nos transformadores. Se eu pudesse fazê-los subir a bordo, eles trariam consigo muitos daqueles que ficam em cima do muro. E, à medida que mais pessoas subissem no trem, as almas perdidas ficariam em silêncio, deixariam a empresa, ou talvez também embarcassem no trem.

Todavia, descobri que, por mais que os transformadores quisessem mudar, eles eram espertos, observadores e não se enganavam facilmente. Eles escutavam atentamente, mas esperavam a ação. Então, como veremos, é preciso muito mais que um chamado entusiasmado de "todos a bordo!" e uma promessa de um futuro glorioso para ganhá-los e conseguir seu apoio e envolvimento.

Outro fator externo: a cultura da desculpa

Enquanto nossas conversas continuavam, comecei a notar que havia outro fator relacionado à situação da empresa e às posturas das pessoas em relação a ela. Esse fator tinha a ver com o ambiente fora da empresa, mas não tanto com a paisagem específica da TI quanto com a cena empresarial ao redor do mundo. Chamo isso de *cultura da desculpa*.

Comecei a pensar sobre isso depois de notar um curioso padrão de comportamento em alguns dos nossos administradores. Eles olhavam no espelho, enxergavam a verdade da situação da empresa, mas não sentiam obrigação de fazer algo a respeito. Haviam se tornado complacentes e confortáveis com sua realidade e acreditavam que qualquer coisa que estivesse errada era causada por circunstâncias além do seu controle. Tinham uma desculpa para tudo:

"A economia está terrível, então não há o que fazer."

"Os líderes de grandes corporações estão indo parar na cadeia por transgressões absurdas, então, por que alguém precisaria cumprir padrões elevados?"

"Empresas inteiras estão falindo e os bancos estão explodindo, de modo que devemos ficar felizes apenas continuar operando."

Esse raciocínio me enlouquecia, mas me fez entender ainda mais a importância do exercício do *Reflexo no espelho* e de fazer as pessoas enxergarem a realidade da maneira mais plena possível. Somente depois é que poderíamos começar a ir além das desculpas.

Minha própria experiência com o espelho

Deixe-me acrescentar aqui que não são apenas os colaboradores que devem olhar no espelho, e não são apenas os colaboradores que são bons em culpar fatores externos por sua falta de rendimento. Os líderes também costumam evitar o espelho e criar todo o tipo de desculpa para si mesmos.

Felizmente, eu tinha prática em enfrentar a realidade no nível pessoal. Minha primeira experiência com o espelho veio logo após eu entrar para a HCL como *trainee* sênior na administração em 1985. Eu acabara de concluir o MBA na XLRI School of Business and Human Resources. Queria entrar para uma empresa pequena para que pudesse causar impacto em seus resultados antes do que teria em uma organização maior e, com muitas ideias sobre como melhorar a HCL e ajudá-la a crescer, senti uma confiança suprema de que avançaria rapidamente lá dentro. Todavia, depois de apenas três semanas de treinamento, fui abordado por um executivo sênior que me puxou de lado e disse que eu provavelmente não tinha futuro na HCL. Fiquei chocado. "Por quê?", perguntei. "Porque você não presta atenção suficiente em nossos produtos", respondeu ele. "Você só se importa com a estratégia."

Eu não podia acreditar no que escutara. Procurei algo para dizer e finalmente enrubesci e não falei nada.

"Olhe, Vineet", disse o executivo. "O nosso negócio são os produtos. A menos que você os domine, não irá muito longe na HCL. De fato, não irá além da semana que vem".

Fui para casa e passei a noite acordado, frustrado e bravo, pensando no que devia fazer. Senti que o executivo tinha uma visão muito limitada do negócio e estava convencido de que ele estava errado a meu respeito.

Contudo, antes de ir dormir, olhei-me no espelho. Não vi o MBA vencedor, o futuro executivo que imaginava que seria. Vi um jovem estagiário que, na verdade, não havia passado tempo suficiente aprendendo sobre os pontos importantes dos produtos e serviços da empresa e como eles diferiam da concorrência. Concordei que o executivo tinha razão. Entendi que não poderia trabalhar em uma empresa de tecnologia e esperar que me tornasse um executivo sênior sem uma compreensão total do que a empresa tinha para oferecer. Eu não tinha enxergado a realidade com muita clareza.

A imagem me sacudiu. Decidi considerar a experiência como uma oportunidade. Prometi a mim mesmo que mudaria minha perspectiva. Voltei ao treinamento no dia seguinte e me dediquei a aprender sobre os produtos e serviços da empresa e, um mês depois, fui colocado na função de gerente comercial no escritório de Mumbai, uma das tarefas mais difíceis da empresa.

Essa foi a minha primeira experiência com olhar no espelho, reconhecer a verdade e decidir que uma mudança era necessária. Agora, era necessário que eu fizesse aquilo novamente. Eu tinha que olhar no espelho e, honestamente, enxergar a mim mesmo e a empresa que deveria administrar.

Olhando no espelho e vendo o passado

Quando vi nossos colaboradores olhando no espelho, uma coisa estranha aconteceu. Notei que muitos deles na verdade estavam olhando para o passado, como se estivessem olhando no retrovisor.

No início, não entendi.

Eu passara 12 anos na Comnet, afinal, e havia me acostumado com seu ambiente veloz e empreendedor. Toda empresa pioneira, por sua própria natureza, envolve mudar algo: uma tecnologia, uma organização, o mundo. Quando olhávamos no espelho na Comnet, tínhamos uma visão do futuro.

Então, levei um tempo para compreender que muitas pessoas na HCLT estavam voltadas para o passado. Elas olhavam para 27 anos de realizações. Saltos de crescimento excitantes. Reconhecimento nacional e orgulho. Não admira que a empresa fosse tomada de nostalgia pela paisagem de ontem. Talvez essa fosse a única visão que proporcionasse prazer e conforto. O presente era frustrante demais. O futuro era desconhecido demais.

Não será isso verdade para muitas empresas de hoje? Talvez a sua?

Nós na HCLT tínhamos que parar de olhar para o passado. Mas como eu pararia? Devia ser brutal e arrancar o espelho? Devia dizer: "vocês olham no espelho e pensam que a HCLT ainda é a líder. Mas, na verdade, a HCLT não é número 1 como antes era"? Não. Isso seria agir como o tradicional CEO autoritário. Além disso, essa abordagem apenas deprimiria as pessoas, as magoaria e chocaria, levando-as à inação ao invés de à ação.

Eu tinha que encontrar um equilíbrio delicado. Por um lado, as pessoas tinham que enxergar que a HCLT não era mais a líder que tinha sido. Por outro lado, eu não queria prejudicar o grande orgulho que os empregados sentiam pela empresa e suas glórias passadas, pois o orgulho pode ser uma grande fonte de força quando unido ao desejo de mudar.

A única solução em que podia pensar era criar uma visão a que as pessoas pudessem almejar, uma imagem muito mais atraente do que o que enxergavam quando olhavam para trás, e tão interessante que elas se animassem com o que estava por vir.

Mas qual seria essa imagem? Como deveria ser o nosso futuro?

Conversas surpreendentes com os clientes

Durante o período do espelho, além de reuniões com colaboradores de todo o mundo, também me reuni e conversei com muitos clientes.

Lembro vivamente de uma dessas reuniões; foi com o CIO de uma corporação global. A HCLT acabara de concluir um projeto importante e urgente para a empresa, que havia saído extremamente bem. Entrei na sala de reuniões onde a equipe da HCLT e o CIO estavam esperando. Eu esperava receber um grande sorriso e um aperto de mão, aceitar um tapinha nas costas e ouvir rolhas de espumante estourando.

Ao contrário, o CIO mal me deu um rápido olá e voltou sua atenção para a equipe. "Quero agradecer a todos vocês pelo excelente trabalho que fizeram em nosso projeto", ele disse.

"Vocês não apenas cumpriram todos os requisitos, como foram muito além das nossas expectativas. E foi uma alegria trabalhar com vocês". Ele deu um abraço em cada um deles, e virou-se para mim. "Vineet", disse, "você acaba de subir a bordo. Você não sabe a sorte que tem de ter essas pessoas maravilhosas trabalhando para você". Fiquei surpreso e tocado pela emoção em sua voz.

Aquela cena causou uma impressão duradoura em mim.

Não muito depois disso, tive uma reunião bastante diferente com um cliente. Desta vez, o projeto havia sido um desastre. Não conseguimos cumprir o prazo, e não seguimos as especificações do projeto. Entrei na sala onde a equipe do projeto esperava, pronto para explicar para o cliente como corrigiríamos os erros.

Antes que eu pudesse dizer uma palavra, ele me olhou nos olhos. "Vineet, seu pessoal fez tudo que foi possível", ele disse. "O problema é que a sua organização não deu o apoio necessário. Se tivesse dado, tenho certeza de que eles teriam conseguido cumprir nossos objetivos". Ele estava bravo comigo, e não com a equipe. Corretamente.

Mais uma vez, fiquei surpreso e tocado com o comentário. Nenhum dos dois clientes havia dito uma só palavra sobre nossos serviços e produtos. Eles falaram apenas sobre os membros da equipe, os colaboradores com quem tinham trabalhado. Será que eles enxergavam mais valor nos colaboradores que prestaram os serviços do que nos próprios serviços e tecnologias de apoio?

A geração Y

A revisão da paisagem da TI, juntamente com as conversas com colaboradores e clientes, me fez olhar mais de perto os colaboradores que estavam criando mais valor para nossos clientes. Vi que um grupo em especial agia de maneira diferente do resto e era provavelmente composto por transformadores: os colaboradores da geração Y.

Ao contrário dos colaboradores antigos, que haviam se acostumado com a organização tradicional, esses jovens não estavam impressionados por eu ser o presidente. Não se importavam tanto com títulos e posições, não esperavam direcionamento de cima. Eles me faziam perguntas diretas, mas não esperavam respostas perfeitas, ou uma solução. Eles acreditavam em colaboração. Amavam aprender. Compartilhavam tudo – informações, músicas, ideias, sentimentos. Passavam muitas horas (não apenas no horário de trabalho, espero) no Orkut, Facebook, MySpace, e YouTube, e muitos deles tinham seus próprios *blogs* para compartilhar suas ideias com o mundo.

Essas pessoas haviam sido os principais membros das equipes que discuti com os clientes. Eram elas que faziam o trabalho real. Que se encontravam com os clientes. Que entregavam os produtos e prestavam serviços. Que resolviam os problemas. Que mereciam apoio e elogios.

Entendi que elas eram o valor que oferecíamos aos clientes. Vistas em conjunto, elas criavam a zona de valor dentro da organização. Sem elas, sem essa zona de valor, a HCLT não era nada além de uma casca, camadas e camadas de administradores ou agregadores com controles e processos que não tinham nada a oferecer aos clientes.

É por isso que o primeiro cliente havia abraçado cada um dos membros da equipe, mas não a mim. E é por isso que o segundo cliente havia me culpado, e não à equipe, pela falha da empresa. Eles acreditavam que a administração não vivia na zona de valor ou sequer perto dela. Reconheciam que, de fato, a administração às vezes atrapalhava a criação de valor. A administração não dizia aos colaboradores na zona de valor: "como podemos ajudar vocês?" Em vez disso, desperdiçávamos nosso precioso tempo e energia pedindo que nos fizessem apresentações intermináveis sobre coisas irrelevantes e escrevessem relatórios sobre o que tinham ou não tinham feito.

Devíamos não apenas parar de desperdiçar seu tempo, como encontrar um modo de colocar a zona de valor no centro da organização.

A antiga pirâmide

Essas observações me fizeram entender que precisávamos virar o espelho para a própria organização, e não apenas para os colaboradores. Qual era a realidade da estrutura organizacional da HCLT?

Não foi difícil determinar que era uma hierarquia tradicional – a antiga pirâmide, com poucos no topo, a maioria na base, e muitos no meio. A zona de valor, o lugar onde se fazia o trabalho essencial da empresa, há muito era considerada como os departamentos de P&D e de manufatura, onde os produtos eram criados e produzidos. É lá que são desenvolvidos chips mais rápidos, imaginadas novas tecnologias, e adicionadas características mais inteligentes.

Porém, como provaram as minhas conversas com clientes e minhas observações dos transformadores da geração Y, a nova economia do conhecimento havia mudado tudo isso. A zona de valor não estava mais na tecnologia em si, e certamente não estava em algum produto específico de *hardware* ou *software*. Os clientes podiam escolher entre muitas tecnologias, uma variedade de fornecedores, todos os quais provavelmente os levariam a alcançar suas metas.

A zona de valor agora estava na maneira como as tecnologias são aglutinadas e implementadas – o *como* da nossa oferta, mais do que o *que*. Porém, essas pessoas não tinham o respeito ou apoio adequado dentro da pirâmide arcaica que havia sido criada para exaltar aqueles com poder hierárquico, ao invés dos que criavam valor para o cliente.

Servindo à zona de valor

Refleti muito sobre esse problema. Como poderíamos fortalecer a zona de valor? Como poderíamos afastar o foco do *que* da nossa oferta para o *como* de trazer valor? O que a administração poderia fazer de diferente?

Uma imagem radical me veio à mente: uma pirâmide invertida. E se pudéssemos virar a organização tradicional de cabeça para baixo? E se a administração respondesse à zona de valor e às pessoas que a ocupam, e não o contrário? E se a pirâmide organizacional pudesse ser *invertida*? A base seria o topo, e o topo seria a base.

Colaboradores primeiro.

Clientes depois.

Administração... em terceiro?

Se pudéssemos fazer isso, não teríamos algo muito poderoso? Isso não nos possibilitaria transformar em algo especial a maneira como trazemos valor para nossos clientes e nossos colaboradores?

Afinal, nem todas as empresas podem criar um produto novo ou serviço inovador; nem todas as empresas podem ser um Google ou um Facebook. Temos que encontrar outras maneiras de nos diferenciar, de criar valor real ou distinto para nossos clientes. Porém, esse tipo de transformação não nos afastaria de nossos concorrentes e nos ajudaria a nos livrarmos da bagagem do passado? Não nos ajudaria a nos envolvermos mais com nossos colaboradores e a despertar sua imaginação?

Essa transformação, feita de baixo para cima, não seria mais sustentável? Seria essa a maneira de construir a vantagem competitiva de que precisávamos tão desesperadamente?

Eu sabia que a resposta era sim.

Aspirando ao ponto B: o romance do amanhã

A pirâmide invertida foi o embrião da ideia que, após muita discussão com minha equipe administrativa e pessoas em toda a empresa, ficou expressa na frase *Primeiro os colaboradores, depois os clientes* (PCDC).

Contudo, uma coisa é um líder ter uma ideia, mas outra totalmente diferente é a organização abarcá-la. Eu sabia que não seria suficiente que eu fizesse discursos para os colaboradores sobre estruturas organizacionais, zonas de valor, diferenças competitivas e PCDC. Eu tinha que fazer todos verem a imagem futura do ponto B, que substituiria a imagem do passado que tanto gostavam.

E ela precisava ser atraente. Quando uma garota ou garoto olham no espelho, o que eles veem? Barack Obama. Oprah Winfrey. Steve Jobs. Ou A. R. Rahman, o compositor que ganhou dois Oscars por *Quem quer ser um milionário?* Os adolescentes caem no romance do amanhã, na aspiração do ponto B. Quero que nossos colaboradores voltem a ser como adolescentes, com visões de possibilidades intermináveis.

Assim, durante toda a primavera, passei centenas de horas falando com as pessoas pela empresa, explorando essa ideia da pirâmide invertida e como ela estava relacionada com a ideia de *Primeiro os colaboradores, depois os clientes* (PCDC). Eu queria que entendessem que precisávamos sacudir as coisas, colocar a administração a serviço dos colaboradores na zona de valor, e trazer mais das características da geração Y para o ambiente de trabalho. Eu também queria que eles soubessem que a mudança não significava que desvalorizaríamos as coisas boas que a HCLT havia realizado ao longo dos anos ou as ótimas pessoas que tínhamos na força de trabalho.

Usei histórias e metáforas para ajudar a transmitir a minha ideia, como ainda faço, e como faço neste livro. "Pense no lapidário de diamantes", eu dizia. "Ele começa com uma pedra bruta e usa suas habilidades para torná-la linda. Ou pense no oleiro. Ele pega a argila bruta e a molda como um vaso maravilhoso. Se não houvesse imperfeições no mundo, não precisaríamos do lapidário ou do oleiro. O mesmo vale para as empresas. Você preferiria trabalhar em uma empresa onde tudo fosse perfeito e nada precisasse mudar? Ou prefere estar em uma empresa que precisa ser transformada?"

Assim como nas nossas discussões sobre o ponto A, à medida que discutíamos o ponto B, observamos que os grupos se dividiam nas categorias esperadas: transformadores, almas perdidas e indecisos.

Embora as histórias e metáforas mexessem com nossos transformadores, parecia que jamais seriam suficientes para que eles alcançassem um ponto de inflexão. Todavia, à medida que o tempo passava, e as pessoas faziam perguntas melhores e mais diretas e nossas conversas ficavam mais profundas e cada vez mais genuínas, cada vez mais os colaboradores começaram a se animar com a imagem da pirâmide invertida. Eles compreenderam que a empresa se tornaria um lugar melhor para trabalhar por que a administração dependia deles para mudar. Não apenas cada vez mais pessoas dentro da empresa subiram a bordo, como muitos dos transformadores frustrados que haviam deixado a empresa começaram a voltar.

Seguindo as trilhas de três heróis

À medida que seguíamos esse processo na HCLT, pensei em meus três heróis – Mahatma Gandhi, Nelson Mandela e Martin Luther King Jr. – e como eles haviam transformado as suas sociedades. Entendi que, embora eles tivessem feito muitos discursos e assumido muitas posições, esses três líderes eram conhecidos muito mais por suas ações específicas. Eles também haviam transformado o estado de espírito de seus povos, e a nova maneira de pensar havia sobrevivido além de suas vidas.

Esses grandes líderes não formularam estratégias retirando-se com seus principais aliados para um local privado e emergindo depois para fazer um pronunciamento para as massas. Não, eles andaram pelas estradas de seus países, encontraram-se com as pessoas e caminharam com elas incessantemente. Durante esse processo, eles viraram o espelho para suas sociedades e ajudaram as pessoas a enxergar e articular o que estava errado. Os líderes conseguiram tornar as pessoas intrinsecamente infelizes com o atual estado de coisas sem depreciar suas realizações ou desonrar o seu passado de nenhum modo. Gandhi, Mandela e King ajudaram seus conterrâneos a enxergar o ponto A. E também trabalharam com as pessoas para criar uma ideia do futuro, o ponto B que fez as pessoas aspirarem a mudar. A combinação resultante de insatisfação, orgulho constante e entusiasmo foi uma poção muito, muito inebriante e difícil de rejeitar.

Não estou dizendo, é claro, que nós na HCLT fomos os únicos a seguir esse caminho de transformação. Muitas outras empresas criaram suas próprias versões do nosso exercício do espelho e desenvolveram seus próprios processos para identificar os pontos A e B.

Além disso, embora este livro se concentre em como usamos o exercício do espelho para começar a nossa transformação em 2005, precisamos usá-lo novamente durante as turbulências econômicas mundiais de 2008. Voltamos o espelho para nós mesmos para ver onde estávamos e como estávamos reagindo à situação. Em outras palavras, o processo do espelho é apenas um elemento de um ciclo contínuo. Ele nos ajudou a mudar em 2005. Usamos o espelho novamente em 2007, para que pudéssemos ver claramente o progresso que tínhamos feito e comemorar. Olhamos novamente em 2008, quando os desafios que a empresa enfrentava mudaram. É importante entender que o conceito do espelho ocorre periodicamente no decorrer da vida de uma empresa, e não apenas uma vez.

Naqueles dias da primavera de 2005, eu não entedia totalmente para onde nos dirigíamos. Eu via que as pessoas haviam olhado no espelho e que muitas estavam enxergando a realidade do nosso ponto A. Isso havia criado a aspiração necessária para a mudança. Também creio que o conceito de *Primeiro os colaboradores, depois os clientes* estava começando a pegar. Porém, agora que tínhamos conseguido fazer a empresa entender o presente e olhar para as possibilidades do futuro, vi que não havia um caminho conectando os dois pontos. Compreendi que tínhamos dado apenas o primeiro passo da nossa jornada de transformação.

A parte verdadeiramente difícil estava por vir.

CAPÍTULO DOIS

Confiança pela transparência
Criando uma cultura de mudança

Chegou o verão. Numa tarde abafada, eu estava no escritório e me perguntei: o que faremos agora?

O exercício do espelho havia cumprido sua função: ajudou-nos a enxergar a realidade da nossa situação, criar insatisfação com o *status quo* e gerar uma fome por mudança na empresa. A ansiedade e a preocupação que alguns tinham expressado durante esse período foram substituídas por uma nova energia e entusiasmo. As pessoas se sentiam bem para falar de movimento e crescimento, e de como podíamos voltar a ser uma grande empresa.

Contudo, por trás do entusiasmo, ainda havia muito ceticismo e incerteza.

A ideia de *Primeiro os colaboradores, depois os clientes* parecia promissora – se você é um empregado, por que não pareceria positiva? – mas o que ela significava exatamente? *Como* colocaríamos os empregados em primeiro lugar, e por que colocaríamos os clientes em segundo? Isso significava que aumentaríamos os salários e teríamos pizza na sexta-feira? Que realmente mudaríamos nossa estrutura organizacional? Que não precisaríamos mais trabalhar dentro do orçamento e cumprir os prazos que os clientes determinassem? Éramos sérios quanto ao conceito de focar nos empregados na zona de valor? Ou era apenas uma retórica superficial, visando fazer as pessoas se sentirem bem? Ou, pior ainda, não seria um prelúdio para um processo de *downsizing*?

As pessoas começaram a debater a visão futura da HCLT, e considerei isso um bom sinal. Fazia tempo que os colaboradores não demonstravam tanto interesse em saber para onde íamos e discutiam isso nas reuniões e no almoço; havia tempo que também não acreditavam que o que tinham para dizer seria ouvido e influenciaria a maneira como a empresa operava. Isso já foi uma mudança em si, mas não era a transformação que estávamos procurando. Como nosso próximo movimento, tínhamos que descobrir exatamente para onde iríamos, estrategicamente, e como chegar lá, na prática.

Esses objetivos podem parecer muito difíceis quando você está tentando descobrir como alcançá-los. Existem tantas alavancas a puxar, tantas pessoas a influenciar, tantas linhas de ação a seguir. Eu sequer sabia todas as perguntas a fazer. Nem estava familiarizado com as questões específicas de cada uma das nossas operações nos diferentes países. Decidi que era hora de chamar uma reunião com meus 100 principais executivos para discutir com eles o nosso futuro e como chegar lá.

A reunião do *plano*

No começo de julho de 2005, minha equipe A, os 100 melhores e mais inteligentes cérebros da empresa, foi reunida em Nova Déli para uma conferência de três dias. Muitos de nós já tínhamos nos encontrado em vários grupos menores antes, mas esta era a primeira reunião em que todos nos reuníamos para discutir uma questão específica: o que devemos fazer daqui para frente?

Daqui para frente. Juntos. Essas eram as palavras fundamentais. Poderíamos gerar uma resposta para a pergunta: "o que devemos fazer juntos daqui para frente?" Chamamos a reunião do plano de *Blueprint*, e nosso objetivo era criar um caminho do ponto A ao ponto B.

No primeiro dia, planejei apresentar minhas ideias iniciais para a nossa estratégia. Elas haviam emergido de muito trabalho com um grupo dos membros mais criativos da minha equipe de marketing estratégico. Avaliamos muitas opções estratégicas e as reduzimos até sobrarem duas. Uma das ideias — competir contra as empresas globais por clientes muito maiores — parecia bastante audaz, talvez audaz demais para nós, mas oferecia a maior e mais significativa oportunidade para a HCLT. A outra era mais convencional e menos audaciosa – e provavelmente representasse apenas uma melhora incremental. Ambas tinham suas vantagens, e eu estava dividido entre elas, assim como muitos membros da equipe de marketing – tanto que havíamos preparado duas versões dos meus comentários, uma para a estratégia audaz e uma para a abordagem mais modesta. Passei a madrugada acordado na noite anterior, pensando nas duas. Fui dormir sem estar certo de qual caminho seguir.

Acordei por volta de 5 da manhã e peguei o celular. Havia uma mensagem de texto de um dos membros da equipe: "Vineet, tente a grande ideia. Estamos todos com você."

A mensagem me parecia encorajadora, mas também estranha. Será que significava que eles *não* estariam comigo se eu seguisse o plano B? Entendi que as grandes ideias são aquelas que atraem as pessoas mais talentosas e expõem o que elas têm de melhor. Meus colegas estavam me dizendo que queriam tentar a manobra grande, a impossível.

Lembrei de uma decisão de magnitude semelhante que havia tomado em 1993: fundar a Comnet com base na ideia de gestão de rede remota. Acreditávamos que a ideia era interessante e tinha um enorme potencial, mas que também tinha muitos riscos. Decidimos tentar, e o resultado valeu totalmente o esforço. Lembrar dessa decisão passada me ajudou a decidir sobre a atual. Mandei uma mensagem de volta para a equipe: "vamos com a audaz!"

Mas e as 100 melhores e mais inteligentes pessoas que eu tinha convidado para a reunião? Será que apoiariam o plano que a equipe de marketing e eu havíamos criado? Enquanto me vestia, eu tinha uma sensação nervosa no estômago. A última coisa que eu queria era me animar, avançar demais e cair de barriga. Mas jamais saberíamos a resposta se não fizéssemos a pergunta.

Minha equipe de marketing e eu chegamos cedo à sala de conferências. Achávamos que, se chegássemos antes de todos os outros, aumentaríamos nossas chances de sucesso. Em seguida, os 100 começaram a chegar. Apertamos as mãos, abraçamos velhos amigos. Todos sorriam, e as pessoas diziam coisas agradáveis. Mas meu estômago ainda fervia.

Enfim, todos estavam sentados. As luzes diminuíram um pouco. Uma das estratégias de comunicação que funcionava para mim era começar mergulhando logo na ideia principal. Se você identificar o elefante na sala nos primeiros minutos, se colocará no caminho em direção ao sucesso ou ao desastre — um caminho totalmente irreversível.

"Deixe-me compartilhar cinco fatos interessantes com vocês", comecei. "Fato número 1: o mercado mundial de terceirização em TI vale em torno de 500 bilhões de dólares. O setor é dominado pelas corporações globais, como a IBM, Accenture e EDS. Fato 2: as cinco principais companhias indianas de TI, incluindo a HCL, somam apenas 6 bilhões desse total. Isso dá apenas 1%".

Fiz uma pequena pausa. Eu queria que todos se concentrassem no quanto nosso mercado era grande, como a nossa parcela nele era mínima, e como era limitado o segmento onde atuávamos.

"Fato 3: as empresas indianas de TI parecem satisfeitas com esse 1%. Elas se acostumaram com um modelo empresarial que é limitado e pode ser facilmente ampliado. A vantagem competitiva vem de contratar e treinar jovens engenheiros com formação universitária e usá-los para prestar serviços de alta qualidade".

Fiz outra pausa. Todos sabiam que essa era a verdade em nosso setor e que vínhamos dependendo de um suprimento interminável de talento para crescer há anos.

"Fato 4: os clientes da terceirização em TI procuram maior transparência, mais flexibilidade e mais atenção de suas empresas globais de TI, e estão cada vez mais frustrados com esses fornecedores, pois eles nem sempre cumprem isso. Fato 5: o modelo de terceirização total que era dominante na década de 90, liderado principalmente pelas Quatro Grandes, no qual os clientes ficavam presos a contratos de dez anos e perdiam o controle sobre sua TI, não funciona mais para eles. Os clientes querem manter algum controle, trabalhando junto com os terceirizados, ao invés de deixar tudo para eles".

Apresentados os fatos, era hora de ir adiante para a solução proposta. "Sabemos que, no G-1000, as mil principais empresas globais, as duzentas primeiras estão muito bem atendidas", falei. "O G-200 representa os clientes que todos estão procurando e as Quatro Grandes os pegam quase sempre. Então, por que não nos concentramos nas outras oitocentas, aquelas que não são tão bem atendidas? Não existe razão para não podermos integrar nossos serviços de modo que possamos completar o ciclo de TI para nossos clientes e assumir o papel de parceiro, em vez de fornecedor. Esses contratos chegam a centenas de milhões de dólares".

Essa, de fato, era uma ideia audaz. Ela causou um certo ruído na plateia. Naquela época, a HCLT oferecia serviços discretos de TI, que geralmente significavam contratos menores. A maior parte das nossas relações com os clientes não era do tipo de parceria estratégica que os competidores globais têm com seus clientes.

Ouviam-se tossidas nervosas. As pessoas se mexiam em seus assentos. Olhei para minha equipe, vi um aceno ou dois de encorajamento, e mergulhei.

"Então, como faremos para vencer esse negócio? Como faremos as empresas pensarem de maneira diferente sobre a HCLT? Oferecendo uma diferença estratégica real, baseada em três ideias básicas. Primeiro, ofereceremos flexibilidade e transparência, de um tipo que os clientes nunca viram antes, conosco ou com nossa concorrência direta, os grandes competidores globais. Em segundo lugar, abordaremos nitidamente a centralidade do valor. Com isso, quero dizer que colocaremos toda a nossa energia em aumentar o valor que estamos criando para os nossos clientes, em vez de tentar aumentar o volume dos negócios que fazemos com eles. Em terceiro, e mais importante, estabeleceremos um novo padrão para o valor que transmitimos. E é aí que entra a estratégia *Primeiro os colaboradores, depois os clientes*. É ela que nos possibilitará liberar a energia positiva e a paixão de nossos empregados, para criar um tremendo choque na zona de valor, que se tornará nosso principal diferencial". Fiz uma pausa para deixar isso assentar.

"Isso não pode acontecer da noite para o dia, é claro", continuei. "Para transformar a HCLT de um provedor de serviços terceirizados em um parceiro estratégico de serviços de TI, de um desenvolvedor de tecnologia em um investidor em propriedade intelectual básica, levaremos cinco anos. Isso exigirá uma reorganização da estrutura da empresa, partindo de um conjunto de unidades empresariais para uma organização que possa integrar serviços, e fazê-lo em todo o mundo". E eu sabia que muito mais seria necessário, como continuei a descrever. "Teremos que rejuvenescer nossos empregados que perderam o entusiasmo, melhorar processos desatualizados, construir parcerias estratégicas, e desenvolver novos produtos e serviços". Concluí dizendo: "não podemos desperdiçar nosso tempo e energia perseguindo oportunidades pequenas, fáceis de vencer e nada estratégicas, mas também não podemos deixar de crescer em nenhum ano. Em suma, temos muito trabalho a fazer".

Virei a última página das minhas anotações. Olhei para a plateia e pedi para aumentarem um pouco as luzes. Os 100 membros da nossa equipe A haviam ouvido com atenção, mas eu não via muita expressão em seus rostos.

"Agora eu gostaria de ouvir de vocês", falei. "A estratégia faz sentido? Quais são suas ideias?" Olhei os jovens colegas da minha equipe. Eles pareciam estar segurando a respiração.

Esperei. Silêncio. Nada. Trinta segundos se passaram. Um minuto. Juro que passaram dois minutos, e ninguém havia dito nada. Eu nunca tinha visto isso. Não conseguia lembrar de outro momento em que os membros desse grupo tivessem relutado tanto para falar o que pensavam. Enfim, um dos líderes da Europa, que chamarei de Alex, levantou a mão.

"Sim, Alex", falei. "O que você está pensando?"

"Vineet", ele disse, "estou pensando que você deve estar louco".

"É possível", falei. "Por que você acha isso?"

"Nunca fizemos nada assim antes", ele disse. "Não temos ideia de como competir com as corporações globais. Destruiremos tudo que criamos nos últimos anos. Em vez de ir atrás desses grandes contratos, devemos primeiro melhorar a execução do nosso modelo empresarial atual".

Não falei nada. Eu não queria começar a defender as minhas ideias. Eu queria debate. Outra gerente falou.

"Concordo com Alex", ela disse. "Dar um grande salto seria bom, mas não podemos abandonar a nossa principal competência. Essa é uma receita para o desastre".

A temperatura na sala estava aumentando. As pessoas começaram a se mexer em seus assentos e a sussurrar entre si. Um líder dos Estados Unidos levantou. "Eu concordo com Vineet", ele disse. "Nosso modelo atual está desatualizado. Nossos colaboradores sabem disso. Nossos clientes sabem disso. Nossos concorrentes sabem disso. Já não aceitamos a realidade de onde estamos? Não vemos clientes nos deixando a cada dia? Nossos acionistas fazendo perguntas difíceis sobre o futuro? Pessoas talentosas saindo porta afora e indo trabalhar para a concorrência?

Já fomos bons em nosso modelo empresarial atual. Mas ele não funciona mais!"

Outra voz concordou: "Estamos neste setor há mais de duas décadas e fomos o número 1 por muitos desses anos – mas nunca nos últimos cinco anos. Atualmente, não estamos nem entre os três primeiros. Temos que dar um passo audacioso!" Mais vozes surgiram ao redor da sala, e logo estava criada uma discussão acalorada. Recuei. Eu queria que a equipe A falasse, e não eu. Na verdade, não importava o que eles dissessem sobre a estratégia global. O que importava é que começassem a falar a verdade, em vez de continuarem com os planos e programas normais e certinhos que continuariam nos levando ao chão. Essas eram as 100 pessoas mais inteligentes da empresa. Se elas decidissem matar o plano que eu tinha apresentado, eu tinha confiança de que proporiam algo igualmente grande e provavelmente melhor. Precisávamos de uma grande mudança, mas não tinha que ser a que eu propunha.

E assim continuou a discussão. Eu queria que todos os comentários fossem expostos e debatidos à exaustão.

O quociente de confiança

A discussão sobre a estratégia na reunião continuou por grande parte do primeiro dia. Eu ouvia e assistia até que, no decorrer da tarde, emergiram três posições distintas.

Os transformadores adoravam a ideia de mudar e não aceitavam objeções a ela. Seu entusiasmo era animador e contagiante, mesmo que não se baseasse totalmente na realidade e na praticidade.

Os indecisos acreditavam que algo novo precisava ser feito, mas tinham dúvidas e preocupações quanto à estratégia de serviços globais em TI, e algumas dessas pessoas sugeriram outras estratégias que podíamos seguir. Elas continuavam a fazer perguntas, acrescentar informações e trabalhar para decidir.

Não tínhamos almas perdidas, aqueles pensadores negativistas da população mais ampla da HCLT, entre as 100 mentes mais brilhantes da equipe A. Porém, tínhamos um terceiro grupo composto pelo que chamo de gerentes "sim, mas". Para cada ideia ou proposta, esses indivíduos tinham uma objeção. "Está muito bom", diziam, "mas..." E o "mas" sempre envolvia a razão por que essa ideia jamais funcionaria ou como a ideia já tinha sido experimentada ou como essa solução custaria muito ou jamais seria executada. Eu já tinha ouvido "sim, mas" muitas vezes durante a minha carreira. Já tinha visto como essas objeções podem impedir que uma organização enfrente a verdade nua e crua. Nesse caso, os gerentes "sim, mas" consideravam a estratégia proposta arriscada demais, para eles e para a empresa. Para cada nova proposta, eles encontravam novas razões pelas quais o plano não funcionaria, e muitas de suas reservas eram completamente plausíveis.

Todavia, à medida que a tarde se transformava em noite, os transformadores moderaram seu entusiasmo com uma dose de realidade. Os indecissos, um por um, se decidiram. E os "sim, mas" tiveram suas objeções gradualmente respondidas ou rejeitadas. Enfim, os 100 chegaram a um consenso de que precisávamos fazer uma mudança audaciosa, que prestar serviços integrados fazia sentido, e que os princípios da transparência, flexibilidade, centralidade do valor e a abordagem PCDC poderiam criar um diferencial poderoso para a HCLT.

Impressionou-me a qualidade da conversa e o envolvimento da equipe gerencial. Eu havia entrado na sala pensando se tínhamos a bordo as pessoas de que precisávamos. Agora, eu tinha certeza de que, com apenas alguns pontos de interrogação, tínhamos.

Quando chegamos ao final do dia, subi no palco para encerrar a sessão. "Eu queria agradecer a vocês por esta conversa", falei. "Por expressarem tudo que está em suas mentes e em seus corações. Agora que temos um consenso geral sobre nossa estratégia, chegamos à parte mais difícil de todas – executar e administrar a mudança. E essa será a nossa discussão de amanhã".

Fiz uma pausa e olhei a plateia. Fiquei surpreso, até incomodado, com o que vi. Em um instante, a expressão nos olhos dos gerentes havia mudado. Um momento antes, eles pareciam cansados, mas satisfeitos, confiantes de que tínhamos exposto nossas diferenças, travado uma conversa verdadeira, e saído do outro lado. Por que muitos deles pareciam tão confusos? Por que, quando olhei de rosto para rosto, alguns deles evitaram o meu olhar? O que eu tinha dito?

Então, entendi o problema. Eu tinha falado as palavras "executar" e "mudança". Aquelas duas palavras tinham provocado a expressão diferente em seus olhos. Vi que muitos membros de minha equipe sênior não acreditavam realmente que poderiam executar a estratégia e gerenciar a complexa mudança organizacional. Eles não acreditavam que eu poderia executar a estratégia, que seus empregados poderiam executar, ou que a empresa toda conseguiria.

Eu estava confrontando a diferença entre ser convencido por uma ideia e acreditar que ela pode ser executada. Todos já tínhamos visto grandes oradores falarem e convencerem multidões em encontros enormes. O orador descreve, em tons emocionantes, uma grande visão, todo um novo caminho adiante. A plateia grita e aplaude em sinal de aprovação. Então, vão para casa e pensam: "foi um belo discurso, mas o que essa pessoa disse jamais vai acontecer".

Eu queria me certificar de que não estava me enganando. Todos os olhos estavam voltados para mim, e eu podia ver que, embora alguns dos administradores tivessem confiança de que poderíamos assumir o desafio que tínhamos à frente, eles não eram em número suficiente.

"Bem, Vineet", falei para mim mesmo naquele momento, "não vai dar certo. Sem a confiança dos gerentes, o jogo estará perdido antes de começar".

Olhando para trás, imagino por que eu achei que eles confiariam em mim. O que estava propondo era muito radical. Por que eles *deveriam* confiar em mim? Só porque eu estava pedindo? Não, essa não é razão para confiar em ninguém, especialmente no mundo de hoje. Os empregados desconfiam dos gerentes desde que existem empregados e gerentes, mas eu tinha certeza de que a desconfiança que corria na organização era mais profunda do que nunca. Na última década, vimos muitos executivos e gerentes que mentiram, roubaram e traíram a confiança de seus funcionários e suas empresas. A desconfiança de pessoas em posições de autoridade e poder se estende para todas as áreas da vida. O *quociente de confiança*, portanto, particularmente relacionado com a liderança empresarial, alcançou o nível mais baixo de todos os tempos ao redor do mundo. Se você é um CEO ou executivo, não deve imaginar que você, como líder, ou sua empresa, não importa o quanto seja bem-sucedida, seja imune a esse problema. É natural para um CEO ou executivo pensar: "não sou como esses que jogaram suas empresas fora ou acabaram na cadeia. Meus funcionários me conhecem. Eles sabem que eu sou uma pessoa confiável".

Sugiro que você pense novamente. Se a sua organização tem mais de duzentas pessoas, a maioria delas não lhe conhece. Você sabe que é confiável, mas elas não sabem. Creio que o seu quociente de confiança pessoal é mais baixo do que você pensa – provavelmente muito mais baixo.

Se eu tinha ilusões sobre meu quociente de confiança antes da reunião do plano, ao final daquele primeiro dia de discussão não tinha mais. Não entenda mal o que estou dizendo. Não vi *desconfiança* nos olhos dos meus gerentes. Apenas não vi confiança total, 100%. Contudo, não desconfiarem de você não é suficiente para começar uma transformação importante.

Também entendi que a falta de confiança não se restringia a mim. As pessoas na sala não confiavam umas nas outras 100%. Pelo que podia ver em seus olhares desconfiados, ficava claro que elas não tinham total fé de que seus colegas poderiam fazer o que tínhamos decidido. E se elas não tinham fé em seus próprios colegas, a desconfiança provavelmente era mútua.

Então, o que deveria ser óbvio mesmo antes da reunião do plano começar agora estava ofuscantemente claro: antes de fazermos qualquer coisa, tínhamos que encontrar uma maneira de construir a confiança em toda a organização. Não a confiança em mim, como seu líder, apenas. Não a confiança em uma estratégia específica, mas confiança mútua.

A falta de confiança, como descobrimos, era o "sim, mas" mais importante de todos.

A natureza da confiança

Pensei muito sobre a confiança ao longo dos anos, enquanto trabalhava com pessoas que diziam: "quero que você confie em mim". Ou "devemos construir uma relação de confiança". Essas afirmações me surpreendiam. O que estão propondo realmente? Também li muito sobre a confiança. David Maister, por exemplo, escreve sobre a administração de empresas prestadoras de serviços, onde a confiança entre consultores e clientes é extremamente importante e bastante pessoal. Um dos livros que ele coescreveu é *The Trusted Advisor*. Maister diz que existem quatro dimensões de confiança:

> *Credibilidade: a credibilidade vem com o conhecimento e a experiência profissional.* Se a pessoa possui um conhecimento profundo e segue uma boa prática, você sente confiança no que ela diz e faz.

Será que eu tinha credibilidade na época da reunião do plano? Talvez. Certamente, pareci confiável quando falei sobre o estado da nossa empresa, mas como alguém poderia saber se podia confiar em mim quando eu falava da estratégia de longo prazo?

> *Confiabilidade: a confiabilidade é revelada por meio das ações ao longo do tempo.* Se você observa as atividades de uma pessoa e as respeita, provavelmente confia que a pessoa fará o que diz, a pessoa é confiável e agirá de determinadas maneiras.

Será que meus gerentes me consideravam confiável em julho de 2005? Provavelmente, eles não me consideravam confiável ou inconfiável, pois não tinham experiência suficiente para marcar nenhuma das duas opções.

> *Intimidade: esse aspecto da confiança diz respeito às emoções.* Você sente instintivamente que pode ou não discutir muitos tipos de questões com uma certa pessoa.

Durante o exercício do espelho nos meses antes da reunião do plano, tive centenas de conversas com empregados em toda a HCLT, individualmente e em reuniões grandes e pequenas. Foi uma experiência emotiva para todos, inclusive para mim. Porém, as pessoas não tinham visto o resultado desse compartilhamento e busca emocionais. Eu ainda podia traí-las.

Auto-orientação: a dimensão auto-orientada é o quarto aspecto da confiança, segundo Maister. Contudo, este aspecto reduz o quociente de confiança. Ele está relacionado com seus motivos e as coisas pelas quais você se interessa. Posso crer que você pensará além de seus interesses pessoais?

O que os gerentes pensavam sobre meus motivos? Será que eu apenas queria aumentar o meu poder pessoal? Será que queria apontar meus amigos para posições importantes? Será que desejava exposição na mídia? Era difícil ver como a ideia de *Primeiro os colaboradores, depois os clientes* exaltaria o CEO, mas as pessoas fazem todo tipo de suposições sobre os motivos de um líder.

Se eu pensar em meu quociente de confiança na época da reunião do plano e avaliá-lo segundo os quatro elementos da confiança de Maister – credibilidade, confiabilidade, intimidade e auto-orientação – não ficarei surpreso por ter visto falta de confiança nos olhos de meus 100 executivos seniores. Naquele momento, compreendi que o nosso primeiro trabalho seria construir a confiança na organização.

O modelo familiar

Sabemos da importância de construir a confiança a partir das unidades familiares em que vivemos. Toda a minha vida, estudei a instituição da família, que considero uma micro-organização que tem muitas lições para as grandes empresas.

Muitos dos meus pensamentos sobre a gestão advêm de observar a minha própria família: meus pais e avós, minha esposa e eu, e nossos dois filhos. Temos sorte de termos criado uma grande quantidade de confiança em nossos relacionamentos, e creio que temos uma família forte e segura. Então, quando pensava em criar confiança na HCLT, eu naturalmente olhei para minhas unidades familiares em busca de ideias.

Ao longo da minha carreira, surpreende-me a maneira em que os empresários se dividem em duas partes. A cada manhã, nos despedimos de nossas famílias, vamos trabalhar, penduramos nossos casacos em um cabide e, naquele confortável casaco que usamos no caminho de casa, deixamos para trás todas as nossas emoções, subjetividade, personalidade e conexões com a vida familiar. Vestimos nossos rígidos colarinhos brancos e abaixamos a cabeça para trabalhar. Obedecemos os sistemas, as práticas e as regras tácitas do ambiente de trabalho:

Não confie no seu gerente.

Não fique emotivo com nada.

Lembre-se, não é pessoal; são apenas negócios.

Esses são pensamentos antiquados, que restaram dos primeiros anos da era industrial, quando os empregos eram mecânicos e as organizações acreditavam que deviam se proteger com métodos de comando e controle.

As famílias também agiam assim. Na família tradicional, os pais eram as autoridades finais. Esperava-se que as crianças seguissem as regras e fizessem o que lhes mandassem. Se não obedecessem, eram punidas.

Não obstante, nas últimas décadas, a unidade familiar mudou consideravelmente. Os pais querem ser filhos, mentores e conselheiros de seus filhos. As crianças querem que os adultos confiem nelas, para que possam viver de maneira independente.

As melhores famílias são aquelas que têm uma cultura de confiança. Os pais acreditam que seus filhos os procurarão com seus problemas. Os filhos acreditam que seus pais os apoiarão e protegerão, mas também deixarão que tenham liberdade. Lembro de uma velha história sobre uma criança que saltava do telhado da casa para os braços abertos do pai, mesmo sendo cega.

Todavia, se não houver confiança em uma família, os pais podem acabar brigando com os filhos e entre si. As crianças têm problemas ou saem de casa. Os pais têm seus próprios problemas, pessoalmente ou no trabalho. A família se torna disfuncional ou se separa, assim como as empresas de desempenho elevado podem perder o *momentum* na ausência de um ambiente de confiança. Então, perguntei a mim mesmo, como se faz para construir, em uma empresa, o tipo de confiança que existe em famílias fortes?

Os elementos da transparência

No segundo dia da reunião do plano, conversei com minha equipe A, meus 100 melhores gerentes, sobre a importância da HCLT.

Será que a transparência poderia ser um catalisador para motivar a confiança? Creio que sim, por várias razões boas. Antes de descrevê-las, contudo, é necessário entender um pouco sobre a cultura da HCLT. Eu a comparo com frequência à Comnet, cuja cultura era muito mais fácil de enxergar e entender. Ela era basicamente voltada para a inovação em produtos e serviços. Acreditávamos que, se não inovássemos a cada 18 meses aproximadamente, se não trouxéssemos um novo produto ou um novo serviço para o mercado, não permaneceríamos competitivos e perderíamos a nossa posição de líderes. Considerávamos a transformação regular como uma parte essencial da nossa cultura, motivada pela natureza do negócio em que atuávamos.

Obviamente, isso não ocorria na HCLT, uma empresa antiga que cresceu e mudou rapidamente nos primeiros anos. À medida que ficava maior, ela gradualmente desacelerou. A mudança ficou mais difícil e começou a demorar mais para implementar. Muitas ideias geniais foram deixadas na mesa.

Contudo, eu via que a cultura na HCLT não era ligada apenas ao seu passado. Tínhamos pessoas inteligentes e líderes fortes, que queriam romper com as velhas maneiras de agir. Vimos isso de forma bastante clara no exercício do espelho e novamente na reunião do plano. Como ocorre em tantas empresas grandes, era a organização da HCLT – a pirâmide arcaica – que estava algemando as pessoas e impedindo que contribuíssem com tudo que pudessem e das maneiras que quisessem.

Eu acreditava que uma das maneiras em que podíamos libertar esse talento era tornar a nossa cultura participativa. Para fazer as pessoas participarem mais, tínhamos que criar uma cultura de confiança e, para fazer isso, precisávamos de muito mais transparência. Existem cinco maneiras principais em que a transparência constrói a confiança.

Em primeiro lugar, a transparência garante que cada pessoa conheça a visão da empresa e entenda exatamente como a sua contribuição ajuda a organização a cumprir suas metas. Trabalhar em um ambiente sem transparência é como tentar montar um quebra-cabeça sem saber como deve ser a figura final.

Em segundo, a transparência ajuda a garantir que cada pessoa tenha um comprometimento pessoal e profundo com as metas da organização.

Em terceiro, para os membros da geração Y na sua força de trabalho, a transparência é considerada óbvia. Elas divulgam suas histórias de vida em domínios públicos; assim, não esperam nada menos em seus locais de trabalho.

Em quarto, em uma economia do conhecimento, queremos que os clientes sejam transparentes conosco, compartilhem suas ideias, suas visões para o futuro e suas estratégias para resolver problemas básicos. Sem essa transparência, como podemos criar soluções tecnológicas que possam acelerar o seu crescimento e fortalecer suas empresas? E por que um cliente seria transparente com um parceiro potencial como nós se a empresa não confiar o suficiente em seus colaboradores para ser transparente com eles?

Finalmente, as empresas que lidam com conhecimento como a HCLT muitas vezes fazem contratações laterais – pessoas trazidas de fora da empresa – para trabalhar em iniciativas e projetos específicos. A única maneira em que esses estranhos podem acertar o passo e ser mais eficazes é pelo compartilhamento de informações e transparência total quanto às potencialidades e fraquezas, as questões e preocupações, envolvidas na tarefa. Quanto mais transparente o processo, mais podemos reduzir a quantidade de tempo de aprendizagem, que nos daria uma vantagem sobre a concorrência.

A janela de Amsterdã

Lembro de uma visita que fiz à casa de um amigo em Amsterdã. Suas enormes janelas eram voltadas para um dos principais canais da cidade. A casa era inundada pela luz, as salas pareciam expostas ao olhar das pessoas na rua e nos barcos que passavam no canal. A casa do meu amigo era uma típica casa da parte central de Amsterdã.

"Por que você tem janelas tão grandes", perguntei a meu amigo. Uma pergunta estúpida, talvez, mas – depois que ele mencionou todas as razões óbvias, como deixar entrar a luz e ter uma boa vista – recebi uma resposta muito mais interessante.

"Mantém a casa limpa", ele disse.

Ele não explicou mais nada, mas compreendi que sua resposta queria dizer que, quanto maiores forem suas janelas, mais vidro você terá, e mais visível será a poeira – para você e para todos que o visitarem ou passarem pela casa. Se você puder ver a poeira, será mais provável que se livre dela.

Uma casa transparente, portanto, tem um efeito dramático na cultura interior.

Na casa da HCLT, o exercício do espelho, de certo modo, falava de transparência. Falamos abertamente e honestamente sobre os problemas da empresa. Porém, a atividade era limitada em seu alcance e duração, e não estava embutida na organização ou em seus processos.

Na reunião do plano, depois que terminamos a sessão formal no segundo dia, nos reencontramos para coquetéis e o jantar. Após participar de muitas conversas durante aquela longa noite, fiquei cada vez mais convencido de que estávamos mais ou menos na mesma página. Não tínhamos clareado todos os detalhes, e enxergávamos uma longa e difícil jornada à frente, mas sentíamos um senso de unidade e consenso.

No dia seguinte, nos reunimos mais uma vez para revisar nossas conclusões e esboçar um plano simples que definiria o nosso estado futuro ou ponto B e articularia em termos amplos o *que* de nossa oferta e, mais importante, o *como*. Enfim, cansados e com um sentido de realização, dispersamos para nossos diferentes cantos do mundo. Fiquei imaginando o que os gerentes diriam a seus colaboradores sobre a reunião quando retornassem a seus escritórios e fossem questionados:

"correu tudo bem?" Será que diriam: "sim, mas..."? Ou diriam: "temos uma grande oportunidade à nossa frente. Vamos trabalhar"?

Eu sabia que todos os olhos estariam voltados para esses 100 gerentes. Agora, eram eles que deveriam influenciar seus 100 melhores, e assim por diante. É assim que envolveríamos a empresa inteira em nossa jornada de mudança.

Uma nova abordagem à transparência

Depois da reunião do plano, enfrentamos o problema de como, exatamente, aumentaríamos a transparência da organização para construir a confiança. Como poderíamos deixar entrar luz, como faziam as janelas na casa do meu amigo em Amsterdã?

Eu sabia que não devia lidar com meias medidas. Tínhamos que fazer mais que abrir uma pequena janela de transparência. Tínhamos que escancarar – fazer coisas que nunca tínhamos feito antes e experimentar coisas que outras empresas não tivessem experimentado.

Olhando para trás, as soluções que criamos parecem bastante óbvias. Mas, naquela época, eu não tinha respostas fáceis. Apelei para nossos pequenos gênios em busca de ideias e também pedi para os gerentes os escutarem. Tivemos muitas respostas. Muitas das ideias, ainda que instigantes, eram malucas demais, difíceis demais para implementar. Uma ideia, contudo, fazia muito sentido.

Abrindo a janela da informação

A ideia era abrir a janela das informações financeiras. Naquela época, nossos colaboradores tinham acesso às informações financeiras relacionadas com seus próprios projetos, mas não tinham como saber como sua unidade e toda a organização estavam se saindo. Também não podiam comparar o desempenho de sua equipe com outras na empresa. E se permitíssemos que *todos* vissem os dados financeiros de *todas* as unidades e da empresa? Esse não seria um importante passo rumo a mais transparência? Não ajudaria a construir uma cultura de confiança — mostrando que não tínhamos nada a esconder e estávamos dispostos a compartilhar o bom e o ruim, assim como em uma família forte?

Lancei a ideia. Imediatamente, chegaram os "sim, mas".

Houve duas objeções principais.

Primeiro, os "sim, mas" perguntaram se as pessoas não perderiam a motivação quando descobrissem que não estavam indo tão bem quanto seus gerentes diziam? Ouvi isso muitas vezes, de muitas pessoas.

Depois, veio outra objeção: o que aconteceria se as informações vazassem para a imprensa? E se a concorrência obtivesse esses dados? Os "sim, mas" se preocupavam que o caos se instalasse. Havia um medo verdadeiro nesse sentido.

Esses questionamentos eram justos, eu tinha que admitir. Contudo, argumentei que, no momento em que abríssemos a janela da informação, as pessoas veriam que algumas unidades estavam decaindo ou apresentando um desempenho abaixo do esperado, em comparação com outras. Elas também teriam um quadro verdadeiro do desempenho geral da empresa. "Nossos empregados nos disseram no exercício do espelho que queriam progredir", lembrei a eles. "De que modo poderão saber o quanto a subida é íngreme sem olharem para a estrada?" Existem riscos envolvidos? Sim, mas tudo isso faz parte de confiar em nossos colaboradores. Colocar suas necessidades em primeiro lugar. Esses são riscos que devemos correr".

Mais uma vez, havia um consentimento cauteloso, com uma expressão cética no canto de alguns olhos.

Voltei-me à nossa equipe interna de TI. Eu acreditava que usar o nosso sistema de TI era fundamental para a execução das novas ideias. Tinha fé que essa equipe poderia implementar praticamente qualquer ideia audaciosa e fazê-la funcionar para os empregados ao redor do mundo. Pedi para eles criarem um sistema que demonstrasse o desempenho financeiro da equipe de cada colaborador e que estivesse disponível na sua tela.

Em poucas semanas, o novo sistema estava em operação. Os colaboradores adoraram imediatamente. Alguns dos gerentes gostaram um pouco menos.

Quando descobri por que, compreendi que havia um terceiro "sim, mas", que ninguém havia articulado para mim. Abrir a janela de informação lançava muita luz sobre o papel do gerente. Alguns se viram expostos aos olhares de quem passasse nas ruas e canais da empresa. As pessoas viram que os gerentes eram pouco mais que agregadores e corretores de informações.

Toda a autoridade desses gerentes estava em sua capacidade de controlar as informações. Assim que todos tivessem acesso a elas, seu poder poderia ser questionado.

Os transformadores, contudo, adoraram o novo sistema particularmente. Eles usavam as informações para instilar nova energia e direcionamento em suas equipes. Como todos os membros das equipes compartilhavam da mesma versão dos dados financeiros, eles podiam se concentrar melhor nas ações a tomar. A cada dia, a análise das informações melhorava. À medida que as pessoas viam os índices da empresa e comparavam seu desempenho com o de outras, trabalhavam mais para melhorar seu próprio desempenho. Logo, adicionamos outras informações além das financeiras e implementamos um relatório balanceado de todas as operações por meio desse processo, tornando-o visível para que todos vissem em seus computadores.

A maior transparência levou a uma ação mais rápida no nível básico, e também motivou as equipes que estavam indo bem. Elas sentiam que seu sucesso estava sendo reconhecido, e trabalhavam ainda mais para permanecer no clube dos melhores. Um novo sentido de propósito e direcionamento era visível nas equipes. Agora que tinham as informações de que precisavam, podiam passar mais tempo na execução e menos tempo procurando dados e tentando entender a realidade do seu desempenho.

Devo dizer, contudo, que os outros dois "sim, mas" se mostraram válidos.

Alguns colaboradores, de fato, ficaram desmotivados com as informações que viram. E, sim, algumas informações vazaram de maneiras que causaram embaraço e complicações. Não obstante, fazendo um balanço, os aspectos positivos compensaram em muito os negativos. Quando se abre uma janela, deve-se esperar que uma mosca ou duas entrem para incomodar, ou que um vaso caia na rua e quebre.

Todavia, os efeitos do sopro de ar fresco e a forte luz do sol mais do que compensaram esses pequenos problemas.

Abrindo o escritório do CEO: o portal U&I (você & eu)

Naqueles quentes meses do verão de 2005, aconteceram coisas demais para contar, mas eu gostaria de descrever uma outra maneira em que trouxemos mais transparência para a nossa organização.

Como mencionei antes, em meus primeiros dias como presidente, e depois como CEO, passei bastante tempo visitando escritórios ao redor do mundo e conversando com empregados em todos os níveis. Ouvi muitas perguntas, e não tinha resposta para todas, seja porque não havia tempo suficiente para isso, ou simplesmente porque não sabia a resposta. Quando isso acontecia, eu dizia: "mande-me um *e-mail*. Eu responderei".

Quando dizia isso, muitos empregados não pareciam satisfeitos ou convencidos. Eles achavam que eu estava fugindo da questão. Achavam que "mandariam um *e-mail*" e não haveria resposta. Mas eu realmente queria responder às suas perguntas. Na Comnet, trabalhávamos em um escritório aberto, e eu estava acostumado com as pessoas fazendo perguntas em meio aquele espaço.

Na HCLT, com dezenas de milhares de empregados e escritórios por todo o mundo, tínhamos que encontrar alguma maneira de criar o equivalente do escritório aberto. Se não o fizéssemos, o escritório do CEO (i.e., a posição, e não a minha pessoa) teria poder demais. O que o escritório dissesse – ou o que as pessoas *dissessem* que ele dissesse – sempre teria precedência sobre o que qualquer empregado dissesse ou fizesse.

Como podíamos criar a percepção de um escritório aberto na HCLT?

Enquanto trabalhava com meu grupo de *networking* social, tivemos uma ideia que chamamos de U&I – um fórum virtual, onde qualquer empregado poderia postar qualquer questão, que eu, juntamente com minha equipe de liderança, responderia. A ideia era construir um *site* aberto onde todos seriam capazes de enxergar a pergunta, quem a fez, e a resposta. Era uma ideia simples, que esperávamos que promovesse uma cultura de diálogo aberto, com menos rumores e menos informações desencontradas, e que, assim, criaria mais confiança. Atualmente, vejo fóruns como esse em muitas empresas, mas, em 2005, creio que foi um marco. Muitos desses *sites*, porém, não são suficientemente abertos. Eles possibilitam que as pessoas façam perguntas diretamente para o CEO, mas nenhuma das perguntas ou respostas pode ser vista por outras pessoas.

Esses diálogos a dois são bons, mas não criam o tipo de cultura transparente que constrói a confiança.

Existem muitos "sim, mas" para o conceito do portal U&I. Como na divulgação de informações financeiras, duas dúvidas se sobrassaíam.

A primeira: "alguns empregados farão perguntas realmente complicadas, expondo fraquezas que certas pessoas não conhecem. Isso pode sair do controle, pode vazar. Podemos ter problemas verdadeiros".

A segunda: "somente empregados que têm problemas farão perguntas, e não as pessoas que estão vendo coisas boas ou que estão satisfeitas. Isso pode distorcer o quadro. A HCLT parecerá muito pior do que realmente está".

Essas objeções parecem verdadeiras. Falei com muitas pessoas sobre elas. Consultei minha equipe de liderança. Imaginei se essa iniciativa não poderia estar levando a ideia da transparência longe demais, pois toda a nossa roupa suja seria lavada em público.

Quando eu estava a ponto de desistir da ideia, resolvi fazer o exercício do espelho. Como poderíamos criar confiança pela transparência se os membros da administração eram os únicos a decidir as perguntas que podiam ser feitas e respondidas? Não era essa a razão pela qual o escritório do CEO era um centro de poder tão inacessível, porque controlava totalmente a conversa oficial? Se o CEO tinha receio do que pudesse aparecer, como se poderia confiar nesse executivo, e como se poderia confiar na administração como um todo? Tínhamos que continuar forçando a janela a abrir. Prosseguimos e lançamos o *site* U&I.

Mais uma vez, os temores daqueles que levantaram dúvidas eram justificados. O *site* U&I foi inundado com cartas e queixas, arengas e imprecações afirmando que a empresa estava errada em tudo. Os comentários e questões fluíam e não paravam. A maior parte do que as pessoas diziam era verdade. Era duro de ler.

Um dia, eu estava conversando com um grupo de colaboradores e expressei minha frustração com as perguntas que estava recebendo no U&I. Perguntei o que eles achavam disso, e suas respostas me surpreenderam.

"Essa é a maior mudança que já vimos na HCLT em anos", disseram. "Agora, nós temos uma equipe de liderança que está disposta a reconhecer a parte ruim". Havia muito menos fofoca, disseram, e menos rumores circulando pela empresa. As pessoas sentiam que a administração estava ouvindo suas visões e, assim, havia mais esperança de que alguém, em algum lugar, faria algo a respeito. Mais importante, os empregados disseram que tinham uma equipe de liderança que não afirmava ter as respostas quando não tinha, ou dizia que podia consertar algo quando não podia. As pessoas disseram que confiavam mais na equipe de liderança. Elas sentiam que a equipe havia acertado.

Um dia, recebi um *e-mail* interessante que apontava para outro aspecto do portal e da maneira como as pessoas o usavam.

"Você está enganado por pensar que o U&I envolve apenas conversas abertas e honestas entre empregados e a equipe de liderança", dizia o *e-mail*. "Muitas pessoas ao redor da que faz a pergunta também se envolvem na conversa. Elas falam com a pessoa, oferecem suas visões, e ajudam a pessoa a enxergar as coisas sob uma luz diferente. Sim, a resposta do líder é importante, mas ocorre muita discussão além dessa interação. Além disso, ela traz as questões à atenção de outros empregados em outras partes da organização, que talvez não estivessem cientes do problema e podem começar a trabalhar o problema, pois acreditam que têm a resposta".

Outra surpresa! Finalmente, entendi o poder do que havíamos criado. O site U&I havia se tornado um modo de transferir a responsabilidade por consertar problemas do CEO e da equipe de liderança para os colaboradores, em uma forma que não havíamos imaginado na ideia original. Simplesmente permitindo que as perguntas sejam feitas, tínhamos melhorado a probabilidade de emergirem respostas – de alguém, em algum lugar. Mantendo-nos abertos e reconhecendo as imperfeições que existem na empresa, desviamos a conversa do que estava errado para o que se poderia fazer a respeito. Embora a lista de questões a serem consertadas jamais diminua, os problemas que enfrentamos hoje não são os mesmos que enfrentávamos cinco anos atrás. O portal U&I continua a atrair um tráfego significativo a cada semana e se tornou uma ótima fonte de informações, que me ajuda a entender onde estamos e as questões que precisamos abordar.

Fizemos outros experimentos para aumentar a transparência. Alguns foram horríveis; outros, surpreendentemente bons. Não obstante, jamais nos apaixonamos por essas ideias em si. Apenas nos concentramos nos resultados, que pareciam mostrar que o sol estava brilhando firme e forte e que, agora, estávamos prontos para a mudança verdadeira. Ou era o que eu pensava na época.

Explicando aos clientes por que eles vêm em segundo lugar

Enquanto trabalhávamos em construir a confiança internamente, continuamos a nos concentrar em desenvolver novos negócios, novas estratégias e novas soluções para nossos clientes. Uma parte do nosso sucesso eventual com os clientes pode ser rastreada até uma reunião que tivemos em fevereiro de 2006 com trezentos representantes de clientes, a maioria deles diretores de TI. Eles vieram para Nova Déli de várias partes do mundo.

A ideia para a reunião veio de minhas conversas com clientes. Eu queria saber se eles estavam recebendo valor com nossa abordagem PCDC. Eu queria entender melhor a sua relação com outros fornecedores. Os clientes confiavam em seus fornecedores? Os fornecedores tinham transparência suficiente para eles? Eu queria que nossos clientes soubessem que, embora disséssemos que eles vinham em segundo lugar, eles eram, é claro, centrais para o nosso trabalho, e que a estratégia PCDC visava criar muito valor para eles, assim como para nós.

Nessa reunião, eu queria expandir a ideia da transparência. Então, fizemos uma sessão do espelho com os clientes e compartilhamos com eles o que pensávamos que precisava mudar na HCLT. Explicamos os desafios que estavam à frente e o caminho que queríamos seguir para lidar com essas questões e criar maior valor para eles.

Também consideramos a reunião como uma oportunidade para continuar a aumentar a transparência com nossos empregados. Por que não transmitir o evento, para que nossos empregados pudessem ouvir as falas e enxergar como estávamos sérios em relação à visão PCDC? E foi exatamente o que fizemos. Enquanto havia trezentos clientes da HCLT reunidos no salão de conferências, milhares de empregados se reuniram em frente aos computadores para ouvir e assistir. Foi um nível de transparência que os empregados da HCLT jamais tinham visto. Naquele dia, muitos indecisos se tornaram transformadores.

Durante os dois dias da reunião, apresentamos vários oradores – incluindo analistas, especialistas em relações com o cliente e líderes da HCLT. Cobrimos uma ampla variedade de tópicos, como as novas necessidades dos clientes, as novas aspirações dos nossos funcionários e as demandas crescentes dos diretores de TI. Falamos sobre novas tendências tecnológicas, questões ligadas à privacidade, à economia mundial, à emergência da Índia e da China como grandes mercados consumidores e às mudanças no comportamento dos consumidores, que estavam levando ao surgimento de novos modelos de relações entre as empresas e entre empresas e consumidores. Argumentamos que essas questões exigiriam mais que apenas algumas ideias inovadoras, elas precisariam de uma mudança fundamental nos modelos das parcerias.

Depois, apresentamos à plateia de clientes a nossa filosofia *Primeiro os colaboradores, depois os clientes*. Falei demoradamente sobre o conceito e como ele já estava beneficiando os nossos clientes e levando a relacionamentos melhores e mais fortes.

Encerrei a reunião tranquilizando a plateia de que a PCDC não significava que considerávamos os clientes como cidadãos de segunda classe. "Vocês enfrentam desafios extraordinários, que trarão novos desafios em TI nos próximos anos", falei. "Vocês precisam de soluções integradas para processos complexos. Vocês precisam de transparência e flexibilidade. Vocês precisam aumentar sua agilidade. Para fazer essas coisas, vocês precisam entrar em relacionamentos de valor com fornecedores de TI que entendam suas metas e possam alinhar suas soluções tecnológicas a elas.

Continuei: "Para ser esse tipo de fornecedor, nós da HCLT acreditamos que devemos criar todo um novo modelo empresarial. Devemos mudar a maneira como construímos e mantemos o valor em nossas parcerias com vocês, nossos clientes. Essas parcerias exigem que todos pensemos além das soluções tecnológicas em si. O sucesso está em como as soluções são implementadas e o benefício sustentável que vocês tiram. Acreditamos que, colocando nossos empregados em primeiro lugar – fazendo tudo que pudermos para capacitar as pessoas que trazem valor real para vocês – serviremos vocês de um modo muito melhor do que antes. Nossa abordagem não significa que consideramos os clientes garantidos. Jamais. O que queremos fazer é liberar o poder de nossas mentes brilhantes. Queremos alinhá-las a seus desafios e nos tornarmos seus capacitadores e facilitadores. Pretendemos desenvolver parcerias que sejam transparentes e confiáveis e que criem muito valor para vocês e, como resultado, para nós. É por isso que a ideia de *Primeiro os colaboradores* é uma parte tão importante da nossa estratégia. Para que cumpram o seu incrível potencial, precisamos não apenas da sua compreensão e aprovação, mas também do seu envolvimento ativo".

De que maneira os clientes responderam? Dois clientes do tipo "sim, mas..." não se convenceram sobre a nova abordagem da HCLT, considerando-a insuficiente e tardia demais, e cancelaram seus contratos conosco. Alguns indecisos disseram: "parece interessante. Vamos ver como evolui". Outros, os transformadores, adoraram e perguntaram: "o que você quer que façamos para ajudar?"

Fazendo um balanço, nossos clientes foram mais compreensivos do que eu esperava. Com apenas um encontro, conseguimos envolver vários clientes grandes como participantes ativos dessa mudança, e nossos colaboradores, assistindo de suas mesas, entenderam que a nova abordagem estava certa. Os clientes começaram a ver que, colocando os colaboradores em primeiro lugar, nosso objetivo era criar mais valor para eles, os clientes, e não menos – que, pela inversão da equação padrão, eles, de fato, viriam primeiro.

Nossos clientes começaram a respirar melhor. Eles sorriam. Às vezes até para mim.

Grandes vitórias contra os grandões

À medida que continuávamos a aumentar a nossa transparência, fazíamos progresso em construir a confiança em toda a organização. Revisei nosso progresso segundo os quatro elementos da confiança de Maister.

Confiabilidade: havíamos melhorado. As ferramentas virtuais nos ajudaram a melhorar nesse índice.

Intimidade: melhoramos também aqui. As conversas intermináveis contribuíram para isso.

Auto-orientação: também estava melhor. Os gerentes eram muito mais visíveis e envolvidos do que antes. E haviam se tornado mais hábeis em ouvir.

Credibilidade: não tão boa.

De que valia a transparência e a cultura de confiança, se não conseguíssemos aplicar a nossa estratégia empresarial — nosso objetivo de nos tornarmos um provedor global de serviços de TI e obter grandes vitórias contra os grandões?

No outono daquele ano, porém, a maré começou a mudar. Começamos a ganhar contra os competidores globais. A primeira vitória foi um contrato que fechamos com a Autodesk em novembro de 2005. Era muito maior do que o maior contrato que tínhamos e estava na direção certa em termos de parceria.

Então, veio a grande virada.

No final da primavera de 2005, voltamos nossas miras para um negócio potencial muito grande, com uma empresa chamada DSG International, um conglomerado de lojas de produtos elétricos e eletrônicos — televisores, *laptops*, lavadoras, aparelhos de GPS, iPods e outros — talvez mais conhecidos pela rede Dixon do Reino Unido. Refiro-me ao conglomerado simplesmente como Dixons.

Na Dixons, vimos que tínhamos a oportunidade perfeita para a HCLT. Nossa nova estrutura organizacional proporcionava que oferecêssemos toda a variedade de serviços que a Dixons procurava, de um modo integrado e bastante eficiente. Durante o verão e o outono, nossos empregados trabalharam muito. Eles desenvolveram coisas maravilhosas do nada. Criaram uma solução brilhante, que nenhum competidor global poderia superar.

Em meados de janeiro de 2006, a DSG International anunciou a sua decisão. Eis como foi publicado na *ZDNet Asia,* uma importante fonte de notícias do setor tecnológico global: "Kevin O'Byrne, diretor financeiro da DSG International, fala: 'essa parceria de *co-sourcing* aumentará nossas capacidades, motivará a inovação e aumentará a nossa agilidade, à medida que firmamos nossa posição como principal varejista elétrico da Europa'".[1]

Parceria. Co-sourcing. Lindas palavras. Nenhuma menção das palavras *fornecedor* ou *vendedor* ou *terceirizado.* Esse não apenas era o maior contrato que a HCLT tinha fechado em sua história, como era o maior contrato de terceirização de serviços de TI *jamais* firmado por *qualquer* empresa indiana.

Outro artigo, do *EFY Times,* me citou: "é por causa dos nossos funcionários e práticas pessoais que temos oportunidades como essas para demonstrar o verdadeiro valor que o pessoal da HCLT traz para seus clientes".[2]

Coloque os colaboradores em primeiro lugar, e os clientes seguirão.

E, de fato, seguiram. Apenas seis meses após a vitória com a Dixons, fechamos um negócio multimilionário de cinco anos, prevendo a terceirização de serviços diversos para a Teradyne, um dos principais fornecedores de equipamento de teste automático dos Estados Unidos, batendo os gigantes globais que estavam conosco na disputa. Chuck Ciali, diretor da Teradyne, enfatizou que o nosso modelo de parceria era um diferencial fundamental. "Escolhemos a HCLT com base em sua ampla experiência com clientes globais no setor de alta tecnologia, sua abordagem de parceria e a transparência em seus modelos contratuais".[3]

Porém, foi um analista do setor, Eamonn Kennedy, diretor de pesquisa da Ovum, que realmente articulou o sucesso da nossa estratégia para o mundo todo ouvir: "Para todos aqueles que continuam duvidando aí fora: a HCLT acaba de puxar o seu confortável cobertor. Esse contrato é prova de que os terceirizados indianos têm o que precisam para vencer as empresas estabelecidas".[4]

Nos doze meses após a reunião do plano, fechamos cinco grandes contratos de terceirização, valendo um total de 700 milhões de dólares, em todos batendo os Quatro Grandes provedores globais de TI. O setor percebeu isso. Haviam começado os rumores sobre a HCLT. "HCL Technologies avança enquanto os pessimistas assistem", dizia uma manchete de um relatório da IDC. "HCL pode ser um dos principais concorrentes a liderar o mundo dos serviços de TI em um futuro muito próximo".[5] E esta da *The Economist*: "IBM e outras multinacionais cada vez mais nervosas com a quinta maior terceirizada indiana, a HCL Technologies".[6]

O poder dos catalisadores para criar uma cultura de mudança

Agora, antes de passarmos para o próximo capítulo, tenha em mente que *não* tínhamos toda essa atividade planejada de antemão. Sim, eu tinha a estratégia geral pensada em minha mente, mas as coisas foram ainda mais fluidas e improvisadas do que descrevi aqui.

Fazendo uma retrospectiva, vejo que, dentro de um plano amplo, estávamos experimentando uma variedade de coisas, e que essas ideias e iniciativas (as que funcionaram, pelo menos) geraram uma mudança positiva específica. Mais importante, elas serviram como catalisadores para outras mudanças, além da intenção original. Uma pequena mudança na química da organização pode provocar uma escalada e aceleração muito poderosas, e muitas vezes inesperadas, de mudanças ainda maiores.

Isso ocorreu com o compartilhamento de informações financeiras e o portal U&I, assim como com outras atividades que fizemos. Olhando para trás, vejo que fui motivado por três convicções muito fortes:

- Que o processo do *Reflexo no espelho*, que havia começado como um exercício, poderia e deveria se tornar uma abordagem continuada e um modo de pensar institucionalizado.

- Que a confiança era essencial para que executássemos a nossa estratégia e que ela somente poderia ser criada indo-se além das noções convencionais de transparência.
- Que umas poucas ideias catalisadoras, como a ideia da janela de Amsterdã, podem despertar muitas mudanças.

Os catalisadores são ações simples, em lugar de programas elaborados de mudança organizacional que perduram por anos e anos, e podem ajudar a transformar uma cultura travada em uma que esteja em constante mudança. Não estou sugerindo que outras empresas devam usar os catalisadores que usamos na HCLT. Apenas que você encontre seus próprios catalisadores, aplique-os com determinação, e então encontre outros e aplique-os com mais determinação ainda.

CAPÍTULO TRÊS

Invertendo a pirâmide organizacional

Construindo uma estrutura para a mudança

De repente, ao que parecia, tínhamos terminado todas as nossas tarefas! Havíamos olhado no espelho e confrontado a realidade. Havíamos aumentado a nossa transparência dramaticamente e abordado a questão da confiança. Havíamos firmado alguns contratos grandes e decisivos e estávamos fechando outros com uma regularidade animadora. Havia alegria em todo o território da HCLT. A qualquer momento, ao que parecia, poderíamos declarar vitória e descansar com os louros da fama!

Esse era exatamente o meu temor.

Eu me preocupava que os ganhos e as mudanças que tínhamos feito não fossem grandes ou profundos o suficiente – que, centímetro por centímetro, decisão por decisão, ação por ação, pudéssemos escorregar lenta e inexoravelmente pela montanha que acabáramos de escalar.

Quanto mais eu pensava no que tínhamos realizado, mais parecia que tínhamos conseguido criar um ambiente que estava *pronto* para mudar. Esse ambiente é muito diferente de uma empresa que já *fez* uma mudança, e mais ainda de uma empresa que criou uma transformação duradoura.

Eu não sabia qual deveria ser o nosso próximo passo. Então, como sempre faço, olhei para o passado em busca de orientação. Lembrei da professora de geografia que tive na escola. Nossa escola ficava na base das montanhas. Um dia ensolarado, ela nos levou lá fora e apontou para o Himalaia ao longe.

"O que vocês veem além das montanhas?", perguntou.

Não tínhamos ideia; então, tentamos todo tipo de resposta.

Ela fez a pergunta muitas vezes. Finalmente, tivemos que admitir que não sabíamos.

"Bom", ela disse. "Essa é a resposta certa. Agora, vamos entrar e ver se conseguimos descobrir".

Na HCLT, à medida que olhávamos para o final de 2006, eu não sabia o que havia por trás das montanhas para nós.

Contudo, eu tinha uma boa noção da configuração da terra deste lado das montanhas. Como havíamos constatado na reunião do plano, os clientes estavam cada vez mais frustrados com seus fornecedores de TI e queriam mais valor em troca das significativas quantias de dinheiro que estavam gastando com a tecnologia da informação. Além disso, suas frustrações podiam ser transformadas em uma oportunidade imensa para a HCLT.

Eu também percebia que ainda não podíamos aproveitar essa oportunidade, pois não éramos realmente muito diferentes daqueles que estavam causando a frustração. Sim, tínhamos tido muito sucesso recentemente. Porém, fechar alguns contratos não transformaria toda a empresa.

Entendi que tínhamos que fazer muito mais do que adaptar os processos atuais, o que me fez lembrar de um emprego de verão que tive quando era estudante. Lá, aprendi algo que hoje considero relevante para a nossa posição na HCLT.

Uma lição do aviário

Quando era estudante, consegui um emprego de verão em um aviário perto de casa. Eu trabalhava com vários amigos, e nossa função era juntar ovos dos galinheiros, que ficavam de um lado do aviário, e levá-los para os depósitos do outro lado. O chefe nos dera instruções detalhadas de como devíamos fazer o trabalho. Cada um de nós deveria encher uma cesta com ovos dos galinheiros, carregá-la para um dos depósitos, e voltar para buscar mais, atravessando o terreno até que todos os ovos tivessem sido coletados e armazenados no depósito.

Seguimos as ordens por um ou dois dias. Então, jovens espertos que éramos, decidimos que essa metodologia de pegar ovos tinha limitações. Ela era lenta, chata e ineficiente. Nós recebíamos o pagamento quanto terminávamos o trabalho, e não pelo número de horas que trabalhássemos. Se pudéssemos levar todos os ovos em menos tempo, poderíamos sair mais cedo do trabalho e passar nosso tempo livre jogando futebol ou fazendo o que quiséssemos.

Começamos a experimentar. E se carregássemos mais ovos em cada mão? E se usássemos um dos galinheiros como depósito central, reunindo todos os ovos ali e depois fazendo nossas viagens ao depósito de armazenamento? E se dividíssemos o trabalho? – alguns dos trabalhadores coletando, enquanto os outros entregavam?

Depois de aproximadamente duas semanas experimentado cada método que conseguimos imaginar, ficou claro que todos tinham suas vantagens e desvantagens. Ainda estávamos carregando ovos da mesma maneira que as pessoas carregavam ovos há décadas, provavelmente séculos, e tínhamos voltado a fazer o trabalho como sempre era feito. Para tornar o trabalho mais tolerável, brincávamos e falávamos sobre o que faríamos depois de terminarmos. Quem sabe jogaríamos cricket. Ou talvez fôssemos para casa escutar os Beatles.

No meu último dia de trabalho naquele verão, tive uma revelação sobre o trabalho. Entendi que brincar com o processo de carregar ovos ou apenas se esforçar mais nunca mudaria a natureza fundamental do trabalho ou a operação do aviário. Estávamos presos a uma estrutura arcaica e, até que ela mudasse, nada mais mudaria ou poderia mudar.

O mesmo valia para nossos experimentos na HCLT, incluindo o *site* U&I e o compartilhamento de informações financeiras. Havíamos brincado com o processo e nos colocado em disposição para mudar, mas ainda estávamos carregando nossos ovos basicamente da mesma maneira em que sempre fizéramos.

Parecia-me que devíamos olhar mais fundo para a forma como o nosso aviário era estruturado. Tínhamos que encontrar maneiras de inserir a abordagem PCDC na estrutura organizacional, de um modo que fosse fundamental e não pudesse ser revertido facilmente.

A velha pirâmide em uma nova paisagem

Como já falei, a organização na HCLT, assim como em tantas outras empresas, era uma estrutura piramidal tradicional. Havia os executivos seniores no topo; uma espessa camada de gerentes intermediários e funções facilitadoras, como finanças, recursos humanos, treinamento e desenvolvimento, qualidade e administração, no meio; e os trabalhadores da linha de frente, que tinham menos poder e influência, na base.

A abordagem de comando e controle tem caracterizado as grandes organizações há séculos. As monarquias, exércitos e instituições religiosas cresceram, se expandiram e dominaram seus competidores criando hierarquias rígidas que serviam a um líder supremo. A estrutura funcionava igualmente bem na economia industrial quando ela emergiu. A zona de valor das empresas industriais se encontra nas entranhas da organização, nos centros de P&D e nas fábricas. Todo o resto pode ser considerado importante, mas não essencial para a diferenciação competitiva e o sucesso no mercado.

Por muitos anos, a TI tem sido um setor essencialmente de manufatura. A zona de valor se encontra — como na indústria automotiva, de equipamentos e aeroespacial — no projeto e fabricação de *hardware*. Cada empresa tentava criar o *chip* mais rápido, a melhor interface para o usuário, a característica mais inteligente, bem como oferecer tudo ao menor preço possível.

Entretanto, a ascensão da economia do conhecimento mudou tudo isso. Como eu havia compreendido em meus primeiros dias como CEO da HCLT (particularmente em algumas daquelas conversas com clientes), a zona de valor não se encontra mais na tecnologia em si, e certamente não em uma tecnologia específica de *hardware* e *software*. Os clientes podiam escolher entre muitas opções, todas as quais provavelmente proporcionariam que alcançassem seus objetivos, se bem implementadas. Tinha que haver algo diferente, então, na maneira como as tecnologias eram montadas e implementadas para cada cliente. Algo devia ser feito a respeito da maneira como prestávamos nossos serviços.

Quatro tendências na tecnologia da informação

Para mudar o *como*, tínhamos que pensar cuidadosamente sobre as mudanças na paisagem da TI e desenvolver uma estratégia que nos ajudasse a compreender o que estava acontecendo ao nosso redor.

Para a HCLT, em 2005, o mundo da TI se caracterizava por quatro tendências principais.

Antes de mais nada, como tínhamos compreendido em nossa avaliação do nosso ponto A durante o exercício do espelho, a administração de empresas estava se tornando mais complexa e a TI se tornava mais central às estratégias empresariais. Consequentemente, a posição de diretor de TI tinha muito mais poder e proeminência do que no passado.

Em segundo lugar, o setor de TI era mais valorizado quando desenvolvia tecnologias inovadoras que pudessem ajudar a tornar os processos empresariais mais rápidos, mais baratos e mais disponíveis, e que oferecessem as capacidades analíticas que os diretores de TI e outros líderes precisassem para tomar decisões melhores. Porém, a adoção dessas tecnologias também aumentou a complexidade da implementação do *hardware* e aplicativos envolvidos.

Em terceiro, a maior complexidade das empresas, combinadas com a maior complexidade das soluções (geralmente obtidas com diversos fornecedores), tornava necessário que os clientes se concentrassem na execução e implementação. A implicação era que os clientes estariam cada vez mais procurando soluções que fossem customizadas para suas necessidades, mas que pudessem ser construídas, no maior grau possível, com base em tecnologias padronizadas. Em outras palavras, essa zona de valor se tornaria mais crítica no futuro, pois é onde a customização e a implementação ocorriam.

Finalmente, os integradores sistêmicos — empresas que agregam tecnologias e soluções de uma variedade de fornecedores e, teoricamente, fazem com que todas funcionem perfeitamente juntas — estavam sofrendo cada vez mais pressão de seus clientes para chegarem a um padrão de desempenho muito mais alto e criarem soluções individuais. Porém, como as diferentes equipes envolvidas geralmente pertenciam a diferentes hierarquias, aquelas da empresa integradora do sistema e a da empresa do cliente, as hierarquias organizacionais muitas vezes atrapalhavam. Como resultado, projetos que eram totalmente novos muitas vezes tinham dificuldades, demoravam mais do que o planejado, ou não conseguiam proporcionar os benefícios esperados.

A oportunidade e uma estratégia para aproveitá-la

Sabíamos que, naquela tendência, estava a nossa oportunidade: definir a HCLT como um provedor de TI concentrado em alinhar soluções à estratégia empresarial, uma empresa que, pelo uso de ferramentas e tecnologias inovadoras (mas não mais inovadoras do que o necessário), permitia que os clientes reduzissem os ciclos dos processos mais críticos, incluindo os seguintes:

> *Do pedido ao pagamento:* do momento de aceitação do pedido de um cliente até o recebimento do pagamento pela entrega do pedido

Da disponibilidade à contratação: da definição de uma vaga até seu preenchimento

Do conceito à fabricação: de um novo protótipo à unidade acabada

Em outras palavras, mudaríamos nosso foco das coisas que estávamos vendendo para os resultados que podíamos ajudar os clientes a alcançar.

Falar é fácil, é claro, mas é mais difícil fazer diversas equipes trabalharem conjuntamente em um problema complexo. Todavia, o problema não é realmente o trabalho em equipe. Em minha experiência, quando as equipes se concentram em um objetivo, elas acabam encontrando maneiras de cooperar. O problema era muito mais aquilo que nós na HCLT chamávamos de a "mão de Deus".

Isso significa dizer que os chefes atrapalham.

Os altos gerentes, sentados em seu altivo posto remoto da ação real, são aqueles que podem usar a mão de Deus que muitas vezes coloca em risco tudo que está acontecendo na zona de valor. Por quê? Porque os chefes genuinamente acreditam que, em virtude de sua posição no topo da pirâmide, têm uma visão melhor da paisagem e estão mais bem situados para tomar decisões que beneficiarão toda a organização.

Essa lógica é difícil de refutar. Precisamos considerar a visão à distância, afinal. Precisamos tentar ver o que está por trás das montanhas. Porém, pensei, essa é a sabedoria convencional. É assim que nossos competidores pensam. É como nossos clientes esperam que todos pensemos. Esse raciocínio não nos levará a uma nova estratégia ou provocará mudanças fundamentais. Apenas nos manterá carregando os ovos nas mesmas velhas cestas.

Assim, comecei a pensar sobre algumas das perguntas que vinham pelo *site* U&I e que eram feitas em nossas reuniões conjuntas — perguntas como as seguintes:

- "Não entendo por que devo responder a meu gerente. Ele não entende o meu trabalho. Que valor ele pode acrescentar ao que eu faço?" Essa pergunta interessante me fez pensar sobre a relação entre a estrutura hierárquica e a criação de valor.

- "Por que devemos passar tanto tempo fazendo coisas para os outros setores? Os recursos humanos não deviam estar me ajudando, para que eu pudesse ajudar melhor os clientes? Eles parecem ter uma quantidade desproporcional de poder, considerando o valor que agregam para o cliente". Essa questão sugere que o poder organizacional deve ser proporcional à capacidade do indivíduo de agregar valor, e não a sua posição na pirâmide.

- "Muitos gerentes têm mais influência na quantidade de valor que posso agregar do que aqueles a quem me reporto. Porém, não temos conexão formal, nenhum modo de avaliar uns aos outros. Isso faz sentido?" Não,

não fazia sentido que o espaço de controle hierárquico de um gerente limitasse a sua influência sobre indivíduos fora desse espaço.

E também não fazia sentido que os empregados se reportassem a um gerente que não pudesse agregar valor ao seu trabalho ou que as pessoas que criavam pouco valor detivessem muito poder.

Quanto mais pensávamos a respeito, mais compreendíamos que havia pouquíssimo na pirâmide arcaica que ainda fazia sentido, devido às tendências que identificamos e às aspirações que definimos para nós mesmos na paisagem da TI.

Foi então que a ideia radical da pirâmide invertida me ocorreu novamente. E se fizéssemos os chefes responderem à zona de valor, do mesmo modo que a zona de valor respondia aos chefes? E se fizéssemos o chefe responder não apenas à sua equipe, mas aos membros de todas as equipes naquela zona de valor, que pudesse estar influenciando de forma positiva ou negativa?

Se pudéssemos fazer essas coisas, será que elas criariam o tipo de mudança fundamental que estávamos procurando? Será que a mudança despertaria a paixão de nossos empregados naquela zona de valor? Será que eles se motivariam para entregar muito mais valor do que nossos competidores? Será que nossos clientes enxergariam o que estava acontecendo, entenderiam e valorizariam também? Será que eu estava sonhando? É possível. Porém, eu dificilmente era a primeira pessoa a seguir essa linha de pensamento.

C. K. Prahalad, o conhecido autor e guru da gestão, escreveu um livro intitulado *A Riqueza na Base da Pirâmide*, no qual prevê que "a base da pirâmide se tornará a maior oportunidade para inovação em modelos empresariais".[1] Prahalad pensava principalmente em oportunidades de servir a economias emergentes com grandes populações, e não em oportunidades relacionadas à estrutura da corporação. Ainda assim, o conceito tem relevância para a maneira como as empresas se organizam. A "base" representa uma oportunidade enorme e intocada para motivar a inovação voltada para o cliente.

Pesquisas realizadas pelo Instituto Gallup ao longo de várias décadas corroboram essa ideia. Segundo essas pesquisas, os clientes mudam de um fornecedor para outro porque são atraídos por um dos "quatro Ps" do marketing – um *produto* melhor, um *preço* menor, uma *promoção* atraente, ou um *ponto* mais bem localizado.

Entretanto, os quatro Ps – por mais atraentes que possam ser – não criarão uma relação forte e duradoura entre cliente e parceiro sem um quinto P, que representa, é claro, as pessoas. Localização, promoção, preço – e mesmo produtos – não compensam a falta de envolvimento, execução, compromisso e relacionamentos próximos entre as pessoas da organização cliente e as da organização parceira ou fornecedora.

Então, se tudo isso fosse verdade, como acredito ser, que implicações teria para a pirâmide que chamamos HCLT? Como poderíamos inserir a cooperação na estrutura organizacional?

Outra lição do modelo familiar

Como já disse, creio que a instituição da família fez uma transição gradual de uma hierarquia de comando e controle para algo mais cooperativo e, assim, pode servir como um bom modelo para seguirmos. Mas como ela fez isso? E quais são as principais características dessa nova unidade familiar?

Além da confiança, entendo que uma das mudanças mais importantes tem a ver com uma questão que estávamos considerando agora na HCLT: a *responsabilidade*. Na família tradicional, as crianças deviam se reportar aos seus pais. Elas eram responsáveis por coisas pequenas, como fazer suas tarefas escolares, tirar boas notas e serem cordiais; e também respondiam por coisas grandes – seu caminho educacional, as carreiras que escolheriam e com quem se casariam.

Hoje, vejo que a responsabilidade foi invertida. Muitos pais sentem que devem se reportar a seus filhos. Sim, os adultos ainda carregam as responsabilidades tradicionais de alimentar, vestir e proporcionar abrigo para seus filhos. Mas também começaram a ver que suas próprias ações ou inações, comportamentos e hábitos, crenças e preconceitos, tinham um potencial enorme para influenciar seus filhos – na maneira como iam na escola e socialmente; em sua saúde mental, física e emocional; e na maneira como olhavam o mundo. Os pais também haviam começado a fazer uma conexão direta entre o que faziam e a maneira como seus filhos podiam evoluir no futuro. Será que seus filhos teriam êxito e seriam felizes?

Assim, havia um tipo diferente de atribuição de responsabilidades na nova família.

Obviamente, uma organização empresarial é diferente de uma família. Mas era importante perguntar por que a organização corporativa parecia tão mais antiquada do que outras estruturas da sociedade. Por que tantas pessoas desdenham da estrutura corporativa, em geral, e detestam as empresas onde trabalham, em especial? Do mesmo modo, por que tantas louvam a unidade familiar, mesmo que a sua seja disfuncional? O que faz as pessoas acreditarem na democracia, mesmo quando se decepcionam com os líderes no poder?

Começamos a pensar que precisávamos tornar a HCLT mais como a família moderna. Porém, não queríamos fazer uma mudança súbita e total, pois isso desestabilizaria a empresa e causaria muitas perturbações. Também não queríamos abandonar toda a hierarquia, pois a estrutura formal proporciona a disciplina e responsabilização que as organizações precisam para funcionar de maneira eficiente.

Queríamos apenas fazer uma pequena mudança na maneira como as coisas funcionavam, e fazê-la de um modo que pudesse ter um impacto grande e duradouro.

Responsabilização inversa

Sabíamos que precisávamos definir o termo *responsabilização inversa* de forma muito cuidadosa.

Não queríamos transformar isso em uma discussão sobre indivíduos ou posições específicas. Não estávamos falando de fazer os executivos se reportarem aos trabalhadores da linha de frente. Não esperávamos que o vice-presidente de engenharia tivesse seu cartão-ponto assinado pelo funcionário do refeitório.

A responsabilização inversa significava apenas que queríamos tornar certos elementos da hierarquia mais responsabilizáveis para a zona de valor. Em especial, visávamos três categorias de posições: as funções facilitadoras; a cadeia gerencial de comando até o CEO; e aqueles indivíduos que não fazem parte da hierarquia, mas que são críticos para o sucesso desejado na zona de valor.

O poder das funções facilitadoras

Começamos analisando as funções facilitadoras. Observamos que os empregados na zona de valor respondem tanto aos setores de finanças, recursos humanos, treinamento e desenvolvimento, qualidade, administração e outras funções facilitadoras quanto aos seus supervisores imediatos.

Embora essas funções devessem amparar os empregados da zona de valor, a realidade às vezes é diferente. As políticas que supostamente deveriam ser transparentes e coerentes em toda a organização muitas vezes eram interpretadas de maneira diferente por diferentes administradores em diferentes partes da empresa, e as razões para os desvios nem sempre ficavam claras para os empregados. Isso tornava a vida especialmente difícil para novos empregados que ainda não estivessem bem conectados na organização; quando tinham um pedido ou dúvida, eles não sabiam quem deviam procurar ou quanto tempo poderia levar para resolver o problema. Como resultado, muitos empregados descobriam que a melhor atitude era mostrar seu melhor sorriso, dizer "por favor" e começar a rezar.

Os empregados praticamente não tinham influência sobre as funções facilitadoras. Então, se houvesse um problema, as pessoas geralmente tinham que olhar para cima na pirâmide — para seu superior ou o superior do seu superior — em busca de ajuda, pela decisão da mão de Deus.

Como resultado, os administradores se tornavam intermediários e árbitros e, a partir desses papéis, detinham o poder. O gerente era aquele para quem o colaborador tinha que fazer sua súplica. O gerente pegava o telefone e fazia a importante ligação para o encarregado ou alguém ainda mais acima. O gerente negociava. E o gerente entregava a resposta final, satisfatória ou não.

Nisso estava o poder, não o valor; os gargalos, não a facilitação.

"O que as funções facilitadoras faziam para ajudar você a criar mais valor na zona de valor?" Quando fazia essa pergunta, geralmente recebia silêncio dos colaboradores. Será que o quadro era tão ruim quanto eles pintavam? Talvez não, mas a percepção dos colaboradores a seu respeito era negativa, e observamos que isso ocorria em muitas outras organizações.

Haveria então um modo de inverter a responsabilização entre as funções facilitadoras e os colaboradores na zona de valor? Brincamos com a ideia por muito tempo. Enfim, uma equipe de nossos gênios criativos teve uma ideia inspirada: a *Smart Service Desk*.

O conceito de mesa de serviços

A *Smart Service Desk* (SSD) baseava-se em um sistema de gestão de problemas que já oferecíamos aos nossos clientes.

Esse sistema era simples e eficiente. Sempre que surgisse um problema com um cliente, criávamos um chamado eletrônico que detalhava o problema e acompanhava seu progresso até a solução. Quando a questão era resolvida, o gerente encarregado no departamento responsável encerrava o chamado. Esse é um procedimento padrão, usado por muitas empresas que têm contato direto com clientes, como linhas aéreas, hotéis e locadoras de veículos.

A ideia era criar um sistema semelhante para resolver questões internas entre as funções facilitadoras e os empregados. Sempre que um empregado tivesse um problema ou precisasse de informações, ele podia abrir um chamado que seria direcionado ao departamento apropriado. Cada chamado teria um prazo determinado para resolução. O sistema seria transparente, para que todos pudessem ver o conteúdo dos chamados e onde eles se encontrassem no processo. E o empregado que abrisse o chamado seria quem determinaria se a resolução havia sido satisfatória, ou se o problema realmente havia se resolvido.

Expliquei a ideia para alguns membros das equipes de liderança das funções facilitadoras. Alguns deles aceitaram a ideia imediatamente. Muitos, porém, entoaram seus veementes "sim, mas". "Não somos meros agentes do poder e intermediários", disseram. "Essa caracterização é injusta. Nós somos quem mais trabalha. E somos os menos compreendidos. Esse sistema enviará uma mensagem para toda a empresa de que somos nós quem precisa ser monitorado. Que nosso trabalho é desnecessário. Que não somos suficientemente bons".

Escutei essas visões e depois pedi para os líderes discutirem a ideia com suas equipes.

Alguns dias depois, os gerentes começaram a fazer relatos. Eles tinham expressões interessantes em seus rostos quando disseram, com uma certa resignação: "Ok, mudamos de ideia. Vamos tentar".

"O que os fez mudar de ideia?", perguntei.

Eles começaram dizendo coisas bastante previsíveis sobre colocar os colaboradores em primeiro lugar e aumentar a confiança e buscar maior transparência. Mas, quando questionei mais, surgiu uma razão mais importante.

"Bem, com o sistema de chamados, podemos mensurar o *nosso* desempenho, compartilhar com as pessoas e mudar a percepção delas sobre nós", um dos gerentes explicou, finalmente. "Desse modo, podemos finalmente provar o que vínhamos dizendo o tempo todo: que nós somos quem mais trabalha e que o problema geralmente está no colaborador, e não o contrário!"

Eu não tinha pensado dessa forma. Comecei a suspeitar que esse pequeno catalisador poderia ter um efeito maior do que estávamos esperando.

Como o chamado funciona

A mesa de serviços interna funciona do mesmo modo que uma central de atendimento ao cliente. Um colaborador pode abrir um chamado para três categorias de questões – um problema, uma pergunta ou uma solicitação de serviço – e o chamado pode ser direcionado para qualquer uma das funções facilitadoras, incluindo RH, finanças, administração, treinamento e desenvolvimento, equipes de TI/SI, transporte e outros. Os colaboradores também podem abrir um chamado para a maioria dos membros da alta administração, inclusive para mim.

Uma vez que o colaborador preencheu o chamado, o sistema automaticamente o designa a um executivo no departamento apropriado. Ele investigará a questão e tomará a medida necessária para resolvê-la. O executivo se compromete com um conjunto de medidas responsáveis por chamado, incluindo quanto tempo deve levar para concluir. As medidas baseiam-se em diversos fatores, incluindo a complexidade e urgência do pedido. Se o executivo encarregado não resolver a questão dentro do tempo especificado, o chamado é enviado automaticamente para o seu superior, e assim por diante.

Todo o processo da SSD é transparente, de modo que um empregado pode conferir o *status* de seu chamado a qualquer momento. Quando a questão é resolvida, o executivo encarregado fecha o chamado. Se, contudo, o empregado que levantou a questão não estiver satisfeito com a resolução, ele pode recusar o *status* fechado do chamado, que permanecerá em aberto, e o relógio continuará correndo. O empregado também pode avaliar a qualidade do serviço prestado pelo executivo. Um outro aspecto interessante da mesa de serviços é que o superior do executivo sempre sabe o *status* do chamado (exceto naqueles que dizem respeito a uma questão ligada ao relacionamento entre o colaborador e o gerente). Consequentemente, ele não pode dizer que "não tinha ideia de que havia um problema!" No momento em que um chamado é aberto, o superior recebe um *e-mail* explicando o que está acontecendo.

Isso tem um efeito secundário muito interessante. Já vi gerentes procurarem o funcionário que abriu o chamado para perguntar se existem outros problemas além dos expressados no chamado. Isso pode começar uma conversa mais profunda sobre problemas, desafios, frustrações e soluções possíveis. Os gerentes inteligentes entendem que o chamado da mesa de serviços, como tantas das iniciativas da PCDC, é um catalisador – um modo de levar as mudanças além do seu propósito original e intencional.

A reação

A notícia sobre a mesa de serviços teve o efeito desejado. Ela enviou uma brisa fresca à pirâmide da HCLT. As pessoas tiveram várias reações e dúvidas:

- Os colaboradores podem abrir chamados a respeito das funções facilitadoras? Dos gerentes?
- Os gerentes serão avaliados em relação à maneira como lidaram com esses chamados?
- Os colaboradores têm o poder de reabrir um chamados se não estiverem satisfeitos?
- Os colaboradores podem abrir um chamado a respeito de um CEO?

Para ajudar a introduzir o sistema, fizemos uma campanha interna de comunicação que explicava os benefícios desse novo modo de fazer as coisas. Também garantimos que os líderes demonstrassem seu apoio para o projeto. Pessoalmente, enviei centenas de *e-mails* para pessoas em toda a organização testemunhando os benefícios da mesa de serviços e relacionando-a à visão e aos objetivos mais amplos da empresa.

Incentivamos todos nas funções facilitadoras a recusar educadamente qualquer pedido de resolução de problemas que *não* viesse pelo sistema da mesa de serviços.

A princípio, as pessoas continuavam a caminhar pelos antigos caminhos. Quando tinham um problema, pegavam o telefone ou iam até o escritório do gerente para conversar. Porém, em poucas semanas, à medida que o sistema ganhou credibilidade e as pessoas viram que funcionava, o número de chamados disparou.

Logo, as pessoas estavam abrindo uma média de 30 mil chamados por mês (em um momento em que havia um total de 30 mil empregados na empresa). Isso parecia um grande sucesso. Estávamos resolvendo milhares de transações a cada mês, em uma velocidade impressionante, e a maioria não teria sido resolvida ou mesmo levada à atenção de ninguém. Pense em todas as questões que antes passavam ignoradas e que agora eram abordadas. As pessoas estavam aceitando o sistema. Era uma vitória da honestidade, transparência e abertura!

Mas, espere um minuto. Pensemos com mais cuidado sobre os números. Se tínhamos uma média de mais de 30 mil chamados por mês, muitos dos quais diziam respeito a problemas que desconhecíamos, isso não sugeria que tínhamos *muitos* problemas na HCLT? Deveríamos estar comemorando o fato de que havia tanta coisa desorganizada?

Pensei se não estávamos lutando a batalha da forma errada.

A meta do chamado zero

Após a mesa de serviços funcionar por alguns meses, participei de uma reunião com 100 colaboradores da HCLT que estavam trabalhando em um projeto para um cliente do Reino

Unido. Fiz alguns comentários informais sobre o sistema de chamados e como achava que ele estava contribuindo para a inversão da responsabilização e abri espaço para perguntas e comentários.

Uma jovem, que chamarei de Irene, falou: "Vineet, tenho uma pergunta", ela disse. "Quando algo sai errado no escritório de um cliente, o que o cliente quer saber sobre o problema?"

Achei que sabia a resposta que ela queria, mas decidi pedir para ela dizer para mim e para o resto das pessoas na plateia.

"Por favor, explique, Irene", falei. "O que o cliente quer saber?"

"Duas coisas", ela disse. "Primeiro, eles querem saber a velocidade com que respondemos ao problema. A segunda coisa que querem saber é o que causou o problema em primeiro lugar. Por que aconteceu?"

"Sim, responder rapidamente é bom, mas..."

"Mas não acontecer de novo é ainda melhor", Irene disse, interrompendo-me. "O mesmo se aplica ao nosso sistema interno. Pense nisso. Cada vez que um empregado abre um chamado por causa de um problema, isso implica que ele não está feliz, que existe algo errado. A questão é por que o empregado tem um problema. Por que não podemos ter uma empresa *sem* problemas?"

Esse comentário me pareceu incrivelmente importante.

"Opa", falei para Irene. "Então você está dizendo que as funções facilitadoras deviam estar em busca do chamado *zero*?"

"Sim, é claro, é isso que estou dizendo", ela disse, soando um pouco exasperada. "Da maneira como funciona agora, as funções facilitadoras são avaliadas segundo a rapidez com que respondem a um chamado por um problema e como é resolvido. Mas não são avaliadas pela maneira como resolveram o problema para sempre. O sistema não as incentiva a ser proativas. Apenas reativas".

Fiquei em silêncio por um momento. Eu tinha desenvolvido o sistema mesa de serviços por uma boa razão: mudar as responsabilidades em nossa hierarquia e começar a inverter a pirâmide. Agora, o sistema parecia nos oferecer um benefício ainda maior: um modo de identificar problemas prolongados para que os resolvêssemos para sempre. Isso realmente daria conta da responsabilização inversa.

Depois daquela reunião, comecei a procurar proatividade nas funções facilitadoras. Além da resolução rápida dos chamados, será que poderíamos ter uma meta de zero chamados e zero questões com chamados?

Nas semanas posteriores ao estabelecimento da mesa de serviços, já tínhamos coletado muitos dados. Agora, analisando-os cuidadosamente, começamos a ver padrões. Podíamos ver quais questões eram mais comuns, quais zonas produziam quais tipos de chamados com mais frequência, e quais funções facilitadoras tinham problemas e pontos dolorosos crônicos.

Então, olhamos como essas questões podiam ser abordadas. Encontramos três causas básicas da maioria dos problemas: uma política insatisfatória, comunicação inadequada ou confusa e má execução ou implementação de uma política ou processo satisfatório.

Pedimos que as funções facilitadoras olhassem os problemas mais frequentes, determinassem suas causas básicas e encontrassem um modo de resolvê-los. Reescrever a política. Melhorar as comunicações. Ou mudar um determinado processo para melhorar a sua implementação.

O objetivo para cada função era ter uma semana livre de chamados.

Enquanto avançávamos rumo a essa meta, os colaboradores começaram a ver que os problemas com que se debatiam havia anos e que tomavam tanto tempo e energia estavam desaparecendo. Depois de um rápido período, começamos a acompanhar os principais indicadores que faziam o número desses chamados aumentarem. Com os anos, o processo e o sistema se tornaram muito efetivos e sofisticados.

De um modo mais geral, a mesa de serviços também teve um impacto sobre as atitudes dos empregados para com a empresa. Alguns anos depois que iniciamos a mesa de serviços, fomos avaliados como número 1 em uma pesquisa de satisfação de funcionários, e encontrei uma análise interessante de como a mesa de serviços nos havia ajudado a ter um escore tão bom. Na HCLT, como na maioria das organizações empresariais, a resposta da função facilitadora para um pedido de um empregado variava, dependendo de quem era o empregado e quanto poder ele tinha. Essa variância frustrava os empregados da linha de frente, que acreditavam que trabalhavam tanto quanto as pessoas que eram seus superiores na organização, mas que não recebiam necessariamente o mesmo respeito que seus superiores e que também podiam ter recebido respostas diferentes, e menos positivas, das pessoas nas funções facilitadoras. A iniciativa da mesa de serviços essencialmente nivelou o campo. Não importava onde o empregado se encontrasse na hierarquia, seu problema seria ouvido. Isso reduziu a frustração e mudou fundamentalmente a percepção dos empregados em relação à empresa, aumentando significativamente a sua satisfação com o trabalho – uma provável razão pela qual ficamos em primeiro lugar na pesquisa.

Perturbando a zona de controle: a avaliação de 360 graus

A SSD provocou uma onda de mudança ao longo da pirâmide, mas não chegou perto de derrubá-la. Sem problemas. Como falei, não queríamos causar uma perturbação total e imediata. Porém, estava claro que a pirâmide precisava ser sacudida um pouco mais vigorosamente.

Para aumentar nossos esforços visando inverter a responsabilização, teríamos que lançar nossa rede mais longe, para incluir os gerentes das funções facilitadoras, assim como os executivos no topo da hierarquia, de fato, até o escritório do CEO, incluindo eu. Para fazê-lo, tínhamos que lidar com a questão do *controle*.

Qual é a fonte do controle do administrador? Ela não vem simplesmente de uma posição na hierarquia, um título, ou uma descrição da função. Alguns administradores de nível superior ganham controle por intermédio do medo, e não pelo respeito. Eles têm o poder final de dizer: "Este empregado é bom, aquele é ruim. Este é promovido, aquele não. Este tem recursos, aquele não. Este empregado fica, aquele sai".

Como poderíamos mudar esse uso do controle? O que precisávamos era de outro catalisador — a gota do oceano azul — para criar um novo estado de espírito.

Nós o encontramos em nosso processo de avaliação do desempenho. Na época, nosso processo padrão era tão tradicional quanto a nossa estrutura piramidal. Embora usássemos uma avaliação de 360 graus, cada gerente era avaliado por um número relativamente pequeno de pessoas — aquelas que habitavam a sua zona de controle, incluindo seus colegas superiores e imediatos e aqueles que se reportavam diretamente a ele.

Em outras palavras, a avaliação era conduzida por membros de um tipo de clube fechado. Como todos tinham que avaliar uns aos outros, eles se acomodavam, davam notas altas, diziam apenas coisas boas e ignoravam problemas, e tudo continuava como dantes. A maioria se iludia acreditando que eles, e todos os seus colegas, estavam fazendo um trabalho muito bom. Mesmo que recebessem uma crítica construtiva, era mais provável de ser ignorada do que seguida.

Além disso, a medida de desempenho envolvia atividades dentro do espaço imediato de controle do gerente. Não havia na avaliação de 360 graus algo que contribuísse para a zona de valor. Então, se eu perguntasse a eles sobre o valor, um gerente poderia facilmente dizer: "Ah, bem, estou aqui em cima na cadeia de comando, e a zona de valor é lá embaixo. Não consigo atuar sobre isso. Não há o que eu possa fazer".

Talvez uma mudança na maneira como fazíamos a avaliação de 360 graus pudesse trazer os resultados desejados. Pedimos que alguns indivíduos criativos pensassem a respeito. Dentro de dias, eles sugeriram três modificações importantes no processo: abertura, expansão para um grupo mais amplo além do território de controle do avaliado, e seu uso como uma ferramenta de evolução, em vez de apenas de avaliação. Será que faria alguma diferença?

Ampliando os 360 graus

Vamos começar com os problemas associados à tradicional avaliação de 360 graus usada em muitas organizações empresariais. Na maioria das empresas, o gerente a ser avaliado escolhe quem responde, o que significa que ele tenderá a selecionar pessoas com um viés em favor do seu desempenho. Mesmo assim, a participação em avaliações de 360 graus costuma ser baixa, pois os subordinados não enxergam vantagem alguma para eles em avaliar seus superiores. E, como os resultados da maioria das avaliações são confidenciais, os participantes não sabem se o seu *feedback* foi semelhante ao de outros ou se suas sugestões foram seguidas. E finalmente, o superior do gerente avaliado muitas vezes desconsidera a avaliação completamente, por causa das suas próprias preocupações e percepções.

Por que não abrir mais? Decidimos permitir que *todos* que tivessem feito comentários a um gerente pudessem ver os resultados da avaliação de 360 graus daquele gerente. Isso nunca tinha acontecido antes. O raciocínio era que, permitindo que todos os participantes vissem o relatório do gerente, eles se sentiriam empoderados e mais propensos a participar. Para garantir a confidencialidade, o anonimato e a proteção adequada aos dados do processo, decidimos trazer um terceiro elemento para auditar e certificar a avaliação. Somente com um componente supervisionando o processo é que as pessoas se sentiriam confortáveis o suficiente para darem informações honestas e sinceras. Acreditamos que, como resultado, os gerentes comemorariam os resultados positivos com suas equipes, que facilitariam a aprendizagem e a evolução. Finalmente, o chefe do gerente teria muito menos poder no processo, pois essa pessoa seria apenas uma voz entre muitas. A equipe na zona de valor determinaria os resultados da avaliação, o que seria mais um passo para inverter a pirâmide.

Eu sabia que essa era uma questão extremamente delicada e comecei a pedir *feedback* da minha equipe de liderança. Eles rapidamente enxergaram para onde isso poderia estar levando e os benefícios que poderíamos ter. Tivemos alguns "sim, mas", que nos ajudaram a refletir e entender tudo que poderia dar errado. Entre as preocupações, estavam:

- Isso tem relação com a questão da popularidade?
- Posso trabalhar com a equipe se receber uma nota baixa?
- Como posso exercer controle sobre a minha equipe a partir de agora?
- E se a minha avaliação for baixa porque tomo decisões difíceis?
- E se eu não quiser divulgar meus resultados?
- Que influência isso terá em minha avaliação para bônus?

Todas eram perguntas válidas, as quais teríamos que enfrentar. Eu sabia que seria impossível forçar os gerentes a tornarem suas avaliações públicas. Isso seria forçar a barra demais. Eu apenas poderia incentivá-los. A melhor maneira de fazer isso era que eu desse o exemplo. Então, publiquei a minha avaliação para que toda a empresa visse. Depois que fiz isso, os outros gerentes fizeram o mesmo.

E não havia outro caminho. Se o *feedback* fosse positivo, tudo ficaria bem. Eles se sentiriam bem. Ficariam motivados. Buscariam escores ainda mais altos da próxima vez. E mais, poderiam ver os resultados dos seus colegas e superiores. Eles se tornariam competitivos uns com os outros, o que traria mais vantagens. Porém, se o *feedback* fosse negativo, o gerente seria forçado a enfrentar a realidade do desempenho *insatisfatório* e de como ele era visto pelos outros. Seria um tipo de exercício pessoal do espelho, e todos já tinham visto como pode ser poderoso e útil. E mais, os gerentes sabiam que, em uma cultura de confiança e de aceitação da mudança, uma avaliação negativa seria vista de forma diferente do que se tivesse sido um ano antes — como uma oportunidade de melhoria, em vez de sinal de fracasso.

Além disso, se o gerente decidisse *não* compartilhar a avaliação, as pessoas notariam e automaticamente pensariam que ele tinha algo a esconder. E, devido à tendência das pessoas de pressuporem que o ruim é pior do que realmente é, ocultar o resultado — mesmo que fosse bom — seria muito pior para o gerente do que revelar um resultado negativo.

Gradualmente, os "sim, mas" desapareceram, e as pessoas começaram a participar cada vez mais da avaliação aberta. Se não tivéssemos envolvido a equipe de discussão no diálogo sobre o processo antecipadamente, haveria uma grande probabilidade de fracasso. A chave para o sucesso da avaliação é a disposição dos gerentes para usar o *feedback* recebido para fazer mudanças em seu estilo de gestão.

Happy Feet: expansão para um grupo mais amplo

Todavia, quando a avaliação aberta se firmou, começamos a ver que o processo não era tão aberto quanto parecia, ou quanto poderia ser. Ainda estávamos essencialmente seguindo a prática tradicional, restringindo e definindo quem era elegível para dar *feedback* para quem. Isso significava que a maioria dos participantes atuava dentro da mesma área que a pessoa que estava avaliando, reforçando os limites entre as partes da pirâmide. Contudo, estávamos tentando mudar tudo isso. Queríamos incentivar as pessoas que atuavam além desses limites. Como podíamos reconhecer e estimular o seu comportamento?

Decidimos acrescentar um novo fator ao instrumento de revisão; nós o chamamos de *Happy Feet*.

Abrimos o processo de avaliação para todos os empregados que tivessem um supervisor que os pudesse afetar ou influenciar. (Isso significava 1.500 pessoas em 2005 e 3.500 em 2009). Qualquer empregado poderia fazer uma avaliação de qualquer um dos gerentes que acreditasse poder influenciar – de forma positiva ou negativa – sua capacidade de fazer o seu trabalho. Não importava quanto tempo fazia que o empregado estava com a HCLT – um mês ou uma década – ou qual era sua relação com o gerente.

Como você pode imaginar, a ideia de uma avaliação muito mais ampla suscitou muitos "sim, mas" dos gerentes. E, mais uma vez, as objeções foram válidas e úteis.

"Não creio que esse tipo de avaliação produzirá resultados confiáveis", disse-me um gerente. "Você está pedindo para pessoas que não me conhecem e que nunca me viram para avaliar o meu desempenho. Como pode isso? Que sentido isso faz?"

"Você já leu um livro chamado *The Wisdom of Crowds*?", perguntei.

Quando ele respondeu que não, falei sobre o livro. Nele, o autor James Surowiecki, do *The New Yorker,* fala sobre como a sabedoria reside em grupos de pessoas, na multidão, muito mais do que em qualquer indivíduo. Muitos sabem mais que poucos. A sabedoria coletiva ofusca o juízo individual.

"Pode ser", respondeu o gerente. "Mas os *outliers* não distorcerão os resultados? E se um avaliador der notas excepcionalmente ruins? Ou se um grupo de empregados se unir e tentar influenciar a revisão deliberadamente? E se os empregados decidirem fazer comentários aleatórios sobre gerentes que não têm nada a ver com eles? Posso ver diversas maneiras de distorcer esse sistema".

"Tudo isso é possível", falei. "É questão de confiança. Nos últimos meses, todos trabalhamos muito para criar uma cultura de confiança aqui na HCLT. Essa é mais uma maneira de mostrar que confiamos uns nos outros. Creio que a maioria dos empregados será justa. Lembre-se de que eles também são avaliados todos os anos por seus gerentes, e que eles também querem que seus gerentes os avaliem de forma justa. Portanto, se podem confiar em nós, por que não podemos confiar neles? Sim, tenho certeza de que haverá alguns empregados que avaliarão certos gerentes ao extremo – muito piores ou melhores do que realmente são – mas esses empregados serão a minoria. E essa é a beleza da multidão. Como haverá tantos empregados participando, os escores dados pelos *outliers* não afetarão a avaliação do grupo mais amplo de maneira significativa".

Ouvi de muitos gerentes uma outra objeção à revisão.

"Você não vê que os gerentes populares receberão as notas mais altas?", perguntou um deles. "Os gerentes que são mais disciplinados, ou menos extrovertidos, ou mais reservados – mesmo que sejam mais eficazes – receberão notas mais baixas. Isso não seria justo".

"Improvável", falei. "As questões da avaliação não perguntarão qual gerente você gosta mais ou com qual você gostaria de trabalhar. Você não vai levar o gerente para casa e se casar com ele. A resposta ao problema que você levantou está em fazer as perguntas certas. Se você está tentando maximizar a zona de valor, as questões devem estar relacionadas com essa visão".

Então, projetamos um questionário que fizesse perguntas como as seguintes:

- Tal gerente ajuda você a aumentar o valor que você está levando ao cliente?
- Depois de descobrir que tem um problema, o gerente ajuda você a definir o problema e a identificar a sua solução?
- Quando você procura o gerente com um problema, ele responde propondo soluções ou resolvendo as questões envolvidas?
- Se você não consegue encontrar as soluções por contra própria, o gerente o ajuda a encontrar outras pessoas na organização que o ajudem a chegar às soluções?

Mais uma vez, a prática desfaz a maioria das objeções. Como não havia restrição para quem poderia dar *feedback* a um gerente, a hierarquia tradicional havia se enfraquecido. As pessoas que trabalhavam dentro dos limites da pirâmide foram reconhecidas, incentivadas e recompensadas. O reconhecimento público do valor contribuiu para essas pessoas darem um exemplo para o resto da organização e serviu como um elogio para elas.

Substituindo as zonas de controle por espaços de influência

A avaliação de 360 graus no modelo *Happy Feet* teve outros efeitos notáveis na organização. Ela começou a redefinir significativamente as zonas importantes dentro da empresa – enfatizando espaços de influência baseada nos resultados, em vez de as tradicionais zonas de controle, baseadas na estrutura.

Como isso aconteceu? Digamos que você seja o vice-presidente de operações e que centenas de pessoas respondam a você, mas somente uma pequena porcentagem delas dê *feedback* sobre você. Isso mostra que o seu espaço de influência não corresponde à sua zona de controle.

Por quê? Será que as pessoas não têm conhecimento a seu respeito? Será que elas não sabem o que você representa? Será que você não as está ajudando em suas tentativas de criar valor? Que elas pensam que você não é eficiente? Que simplesmente não estão interessadas?

Seja qual for a razão, a baixa taxa de resposta mostra que você tem um espaço de influência pequeno em comparação com a sua zona de controle. Mais que qualquer outro aspecto da avaliação, essa observação galvanizara a organização. As pessoas enxergavam que a zona de controle havia se tornando totalmente irrelevante. O que realmente importa é o espaço de influência.

Isso realmente sacudia as bases da pirâmide. As pessoas começavam a interagir com outras que não faziam parte do seu clube fechado – dentro e fora da sua zona de controle tradicional. Elas queriam expandir a sua influência, dar uma contribuição positiva e levar a novas mudanças.

A avaliação como instrumento de evolução

A última modificação que fizemos em nossa avaliação foi redefini-la como um instrumento de evolução, e não de avaliação. Seria uma forma de o gerente receber *feedback* produtivo sobre o seu desempenho – *feedback* que poderia ser usado para ajudar a pessoa a mudar.

Veja que, como organização, decidimos separar a avaliação do departamento de recursos humanos e suas atividades. Embora o grupo de RH continuasse a fazer avaliações do desempenho e administrar as compensações dos gerentes, os resultados do processo de 360 graus não eram considerados nessas discussões. Ao contrário, o processo era motivado por uma nova entidade, chamada de equipe de Transformação de Talentos e Desenvolvimento de Intraempreendedorismo. A avaliação de 360 graus servia como um ponto de partida para uma discussão com os gerentes sobre suas metas de desenvolvimento profissional. Os gerentes não tinham que se envolver nesse processo; a decisão sempre era deles.

Em 2009, refinamos o aspecto evolutivo da revisão, denominando-o de *Feedforward*. O sujeito podia identificar três competências críticas para a pessoa avaliada, marcar cada uma como "força" ou "área a evoluir" e sugerir passos simples e específicos que a pessoa poderia dar para melhorar. A seção é opcional, e os resultados são mantidos estritamente confidenciais. O gerente é o único que tem uma visão consolidada dos resultados, e os nomes daqueles que responderam não são revelados.

Pensar no *feedback* como um método de evolução e não de juízo ou avaliação foi essencial para que pudéssemos mudar de um ambiente de comando e controle para um de confiança, alinhamento e foco nas qualidades e ações que poderiam ajudar as pessoas na zona de valor.

Essas mudanças em nosso processo de avaliação convenceram muitos céticos dentro da organização a respeito da visão PCDC, os quais começavam a ver que realmente acreditávamos nela. Os empregados estavam felizes por suas vozes serem ouvidas e seu *feedback* ser considerado importante. Os gerentes mais novos, em especial, adoravam o *feedback* honesto, pois os ajudava a melhorar o desempenho e desenvolver habilidades mais rapidamente. Minha equipe de liderança enxergava quanta energia positiva a avaliação do processo liberava na organização e a usava para criar mais valor na zona de valor.

Mesmo gerentes que costumavam receber *feedback* negativo se beneficiavam com o processo. Eles entendiam que suas potencialidades simplesmente não eram de gestão e que poderiam contribuir mais como indivíduos. Os gerentes que recebiam um bom *feedback* conseguiam ampliar seus espaços de influência muito além de suas zonas de controle, pois todos na organização sabiam que eles eram bem vistos.

Comunicação constante

É muito importante observar que, por intermédio da transformação na HCLT, e especialmente durante os primeiros anos, comunicávamo-nos constantemente, em uma variedade de formatos, com os colaboradores da organização. A comunicação de uma iniciativa era tão importante quanto a iniciativa em si. Minha equipe de liderança se envolvia bastante em nossas estratégias de comunicação e marketing. E passávamos horas falando sobre como e quando devíamos fazer comunicações e quais seriam as mensagens importantes a transmitir.

Lembro de uma discussão sobre uma apresentação importante que estávamos planejando fazer para todos os colaboradores da HCLT – não apenas para os gerentes ou as pessoas na zona de valor, mas todos – sobre a estratégia PCDC. A equipe de comunicações com os colaboradores, que tinha como membros muitas das cabeças mais brilhantes da empresa, queria que eu falasse com todos sobre o conceito de PCDC, como estávamos implementando por meio de atividades como o *site* U&I e a mesa de serviços, como planejávamos reestruturar a empresa para empoderar os empregados, e sobre o nosso plano de transformação em cinco anos.

"Está bem", falei. "Mas por que devemos fazer isso? Que benefícios isso traz para o colaborador?"

Os membros da equipe deram respostas grandiosas sobre compartilhar a visão de longo prazo da empresa. Perguntei novamente: "sim, mas o que os colaboradores querem saber de nós? O que realmente interessa a eles?"

Eles deram outras respostas sobre as mudanças na paisagem da TI e como ajudar a empresa a se transformar. Fiz a mesma pergunta quatro ou cinco vezes mais, até a equipe ficar sem resposta.

"Apenas tenham em mente", falei, "que quando fazemos uma comunicação sobre mudanças organizacionais para a população geral de colaboradores, as mensagens devem ser relevantes para eles, e essas mensagens podem ser diferentes das que são relevantes para os gerentes ou os clientes. Nossos colaboradores não estão tão preocupados com os elementos da paisagem da TI ou com transformações e iniciativas corporativas. Eles se preocupam com a maneira como isso os afeta pessoalmente – o que significa para eles, suas carreiras e suas famílias. Então, a ênfase da nossa comunicação deve ser mais no que consideram importante, em vez de ser um fórum para vender as nossas iniciativas".

Meus colegas me olhavam como se eu tivesse jogado água fria em sua ideia de uma grande reunião, abrangendo toda a empresa. Mas eu não tinha.

"Deixe-me contar uma história", falei, "sobre fazer suposições a respeito do que as pessoas querem".

Uma história sobre suposições erradas

Falei a eles sobre a minha primeira escola, fundada por freiras, em minha cidade natal, Pantnagar. As professoras da escola acreditavam firmemente no serviço social. Uma das nossas atividades era ir de porta em porta para coletar roupas velhas, que distribuíamos para pessoas que moravam em favelas próximas à escola.

Meus colegas pareciam considerar a história um desvio da discussão em questão, mas continuei.

"Quando eu tinha em torno de 12 anos", falei, "fomos à favela carregados de roupas. Havia muitas crianças para pegar o que tivéssemos para dar, mas um garoto se mantinha distante dos outros. Ele não tinha interesse nas roupas, mas não parava de olhar a minha pasta escolar".

"O que você tinha nela?", perguntou Arun, um dos meus colegas. (Mudei seu nome).

"O garoto estava muito malvestido", falei, ignorando a pergunta de Arun. "Estava frio, e eu perguntei: 'Você quer um blusão?' 'Não', respondeu ele, com os olhos fixos na pasta".

"Ele achava que tinha comida?", perguntou Arun.

"Não", respondi. "Enfim, ele me perguntou: 'O que você tem na sua pasta?' Abri e mostrei a ele: livros. 'O que você faz com eles?', perguntou o garoto. 'Nós os lemos', respondi'".

"Então, ele me pediu: 'você lê um para mim?'"

Eu estava tentando mostrar com a história que tinha feito todas as suposições erradas possíveis sobre o que interessava ao garotinho da favela. E não queria que fizéssemos o mesmo com os colaboradores da HCLT. Já tinha visto isso acontecer muitas vezes. Nós ficáramos tão obcecados com o que estávamos dando aos nossos colaboradores, ou a nossos clientes, que começamos a acreditar que aquilo era o que a outra pessoa realmente queria ou precisava.

Acho que a história teve efeito. A conversa mudou para a maneira como podíamos estruturar a reunião com toda a empresa, para que se concentrasse no que a estratégia *Colaboradores primeiro* e o plano de transformação fariam para nossos colaboradores. Será que os ajudaria a trabalhar mais rápido? A fazer seus trabalhos melhor? Será que aprenderiam coisas novas? Seus empregos ficariam mais fáceis ou mais agradáveis?

A equipe logo sugeriu um nome para a reunião – Novos Rumos[*] – e um formato que envolveria uma série de conversas informais sobre os temas que eram mais importantes nas mentes dos colaboradores. Não estaríamos dando roupas às pessoas, quando realmente queriam livros.

As reuniões de Novos Rumos

Fizemos nossa primeira reunião de novos rumos no final do verão de 2006. Não queríamos que essas reuniões parecessem

---

[*] N. de R.: No original, *directions*.

os velhos dias da pirâmide tradicional, quando a alta administração subia no palco, fazia seus pronunciamentos e se retirava. Queríamos que a comunicação tivesse um grande impacto e deixasse uma impressão duradoura.

Assim, enquanto preparávamos meus comentários para a reunião, lembrei de uma lição da época do MBA na XLRI – que também dizia respeito à comunicação. Minha primeira aula foi de habilidades básicas em administração, lecionada pelo padre McGrath. Ele estava falando sobre apresentações, e confesso que estava com dificuldade para prestar atenção. Eu havia chegado na escola após uma viagem de trem de 40 horas. A sala era muito quente. Estávamos no primeiro andar, e eu olhava para a rua, vendo o ar saturado de poeira. Havia 35 ou 40 alunos na sala.

De repente, a porta abriu com força, fazendo um estrondo, e começou uma gritaria. Virei-me e vi dez ou quinze homens correndo e saltando pela sala de aula, com fitas amarradas no cabelo, rostos pintados, com lanças e facas. Reconheci que eram adivasis, um povo tribal da Índia. Eles gritavam e corriam pela sala, empurrando os alunos, derrubando coisas e fazendo uma baderna. Um deles pegou a aluna mais próxima da porta, arrastou-a até a janela e a jogou para fora. Outro correu até a frente da sala, levantou sua faca e esfaqueou o padre McGrath. Jorrava sangue da sua barriga, enquanto ele caiu gemendo no chão. Não sabíamos o que fazer. Então, depois de dois minutos de caos, os adivasis sumiram, tão rápido quanto haviam aparecido.

Todos na sala pareciam em choque. Ninguém se mexia. Alguns de nós ainda estavam sentados, outros de pé, e alguns pareciam que iam pular pela janela. Então, o padre McGrath parou de gemer, levantou-se e limpou a poeira e sorriu. "Todos sentados", ele disse, tranquilamente. "Não se preocupem. Eu preparei tudo isso. Agora, quero que vocês escrevam sobre o que viram nos últimos minutos. Imediatamente! Comecem agora. Com o máximo de detalhes que puderem lembrar".

Ainda traumatizados, começamos a escrever. Depois de dez minutos, o padre McGrath nos mandou parar.

Os resultados desse experimento foram muito interessantes. Cada um tinha uma memória diferente do acontecimento. O padre McGrath havia sido esfaqueado na barriga. O padre McGrath havia sido esfaqueado nas costas. O padre McGrath não havia sido agredido. Uma garota fora jogada pela janela. Uma garota pulara pela janela. Alguém entrara pela janela. Pessoas diferentes viram coisas diferentes.

Naquela primeira aula na faculdade de administração, aprendi mais de uma lição. A primeira foi que nunca se deve acreditar totalmente no que se vê; sempre se deve olhar além do imediato para entender o que está acontecendo. Ainda mais relevante para a reunião de novos rumos, o padre McGrath demonstrara que, se não se comunicar de maneira extrema e empírica, você não deixará uma impressão ou terá um impacto duradouro.

E então, comecei a reunião de novos rumos com minha nova versão da invasão dos adivasis. Subi no palco, olhei para as três ou quatro mil pessoas na plateia, e comecei a dançar. Não sou o maior dançarino do mundo. As pessoas ofegavam e riam. Fiz o maior papel de bobo. Fiz alguns comentários engraçados e, depois, partimos para duas horas de conversas muito sérias. O evento acabou sendo tão memorável para a plateia da HCLT quanto o ataque dos adivasis tinha sido para mim.

As reuniões de novos rumos levaram as noções da responsabilização inversa e da confiança um pouco além. Lá estávamos nós, a equipe sênior de liderança, de pé, diante de toda a empresa, respondendo a todas as perguntas, abertos a qualquer comentário. Apenas por termos nos disponibilizado e por termos sido o mais transparentes que podíamos, estabelecemos confiança com os membros da plateia.

Fizemos mais de 25 reuniões de novos rumos durante agosto e setembro de 2006. Ainda fazemos reuniões de novos rumos a cada ano, e todos as esperam ansiosos. As pessoas esperam um evento singular e heterodoxo. E sabem que eu estarei lá para ouvir e falar honestamente sobre quais são as *suas* necessidades, e não as minhas. E, às vezes, eu danço.

A pirâmide começa a se inverter

À medida que a mesa de serviços, a avaliação de 360 graus e os eventos de novos rumos ganharam aceitação e começaram a ser vistos como a prática padrão na organização, meus temores sobre a possibilidade de uma regressão diminuíram. Parecia que a estrutura fundamental da HCLT estava começando a mudar, que a pirâmide — graças à responsabilização inversa ou invertida e à revisão aberta — estava começando a se inverter, pelo menos um pouco. Finalmente, podíamos ver a zona de valor ser enaltecida, e os antigos faraós sob sua sombra. Mais uma vez, os instrumentos específicos que havíamos usado para criar a inversão — assim como as outras iniciativas da estratégia PCDC que descrevi antes — nada mais eram que catalisadores. Será que realmente tinham tanto efeito sobre a organização, em si e por si, como pareciam ter? Provavelmente não. A mensagem que enviavam, bem como seus efeitos secundários — importava muito mais.

Sim, a mesa de serviços resolve muitas questões e conserta muitos problemas. Porém, a mensagem subjacente que ela envia é muito mais significativa: *as novas formas de responsabilização não são determinadas pela posição do indivíduo na hierarquia tradicional.*

A avaliação de 360 graus ajuda as pessoas a melhorar o seu desempenho e conduz à confiança e transparência. A mensagem que envia é muito maior: *o valor do gerente é medido por seu espaço de influência, não pela zona de controle hierárquico. Isso inclui o CEO.*

Esses catalisadores — juntamente com as informações financeiras abertas e o *site* U&I — mudaram as conversas cotidianas na HCLT. Eles comunicavam tudo que precisava ser compartilhado sobre o que os colaboradores deveriam fazer e como deviam agir.

Seus temores sobre a mudança começaram a se dissipar, assim como meus temores de que a mudança não fosse suficiente. As pessoas não me olhavam mais com tanta insegurança e preocupação. Elas sabiam que a "multidão" na HCLT – e não apenas eu – as estaria avaliando.

Como resultado, as pessoas se esforçavam mais. Elas tentavam mais. O fracasso se tornou aceitável. A responsabilidade por ações e resultados já não era só minha, mas era compartilhada por muitos. Quando falava que eu, como CEO, era responsável por alguma coisa, sabia que todos éramos responsáveis juntos. E a empresa também sabia.

Também começamos a ter indícios de que o mundo externo estava nos notando e se interessando pelo que vínhamos fazendo. Em dezembro de 2006, fui convidado pelo CEO de um dos nossos clientes, uma empresa da lista *Fortune 100*, para palestrar em sua conferência anual de liderança. Eu não conhecia o CEO antes de chegar para o encontro. Quando chegou minha vez de falar, ele me apresentou dizendo que tinha ouvido falar da nossa avaliação de 360 graus a partir de um empregado da HCLT que vinha trabalhando em um projeto em que estava envolvido pessoalmente. A avaliação o intrigava, e ele queria saber mais a respeito.

Quatro anos depois, ele se tornou um dos nossos maiores e mais importantes clientes – uma empresa cujo CEO eu conheci por meio de um colaborador que trabalhava na base da pirâmide da HCLT. Desde essa primeira palestra, fui convidado por muitos dos nossos clientes para falar para seus grupos de liderança e diretorias sobre a inversão da pirâmide. Todas essas conexões foram feitas por um colaborador que trabalhava na zona de valor.

Esses contatos eram a prova de que estávamos trilhando o caminho certo. As pessoas pararam de olhar o Himalaia e de tentar adivinhar o que havia além dele. Ao contrário, elas olhavam umas para as outras e sabiam que podiam fazer qualquer coisa acontecer.

CAPÍTULO QUATRO

Reformulando o papel do CEO

Transferindo a responsabilidade pela mudança

No meio do inverno de 2006, todas as pessoas da HCLT tinham começado a acreditar no enorme potencial que tínhamos como empresa. Elas viam que o nosso compromisso com a transparência e os nossos esforços para inverter a pirâmide tinham resultados tangíveis. Nós competíamos regular e eficazmente com as maiores empresas globais como havíamos prometido fazer na reunião do plano. Essa foi uma grande satisfação para mim, para a equipe de liderança e para os colaboradores em toda a empresa.

Ainda assim, como fizera em cada fase anterior do processo, comecei a olhar para a frente e a me preocupar. Como pretendíamos, estávamos começando a acelerar e a crescer. Estávamos recebendo centenas de colaboradores novos. Embora ainda fôssemos uma empresa relativamente pequena, com menos de 1 bilhão de dólares em receita anual mundial, éramos bastante diversificados, com operações em dezoito países em dez áreas verticais, e com oito linhas de serviço.

À medida que crescíamos, como poderíamos sustentar o nosso foco em *Primeiro os colaboradores, depois os clientes*? Será que as unidades não começariam a reconstruir a sua pirâmide tradicional? As novas camadas de gestores não tentariam adquirir poder, agregando informações? Como os novos colaboradores que chegassem entenderiam a importância da confiança e da transparência?

Naquela época, eu estava lendo *The Starfish and the Spider: The Unstoppable Power of Leaderless Organizations*, de Ori Brafman e Rod A. Beckstrom.[1] A maioria das empresas, segundo os autores, funciona como aranhas, que têm oito pernas. "Corte uma das pernas da aranha, e você terá uma criatura de sete pernas em suas mãos; corte a cabeça e você terá uma aranha morta". Beckstrom diz em seu *website*: "Mas corte um braço de uma estrela do mar e ele crescerá de novo. Não apenas isso, mas o braço cortado pode criar um corpo totalmente novo. A estrela do mar pode realizar esse feito porque, ao contrário das aranhas, é descentralizada; cada órgão importante é reproduzido em todos os braços".

Naquela época, a HCLT operava mais como uma aranha do que como uma estrela do mar. Mesmo com toda a abertura e transparência, e com a inversão da pirâmide, ainda éramos uma organização altamente centralizada. O CEO e, da mesma forma, o escritório do CEO, ainda ficavam no centro de tudo, assim como a cabeça da aranha.

Vi que precisávamos nos tornar mais como a estrela do mar, e que isso exigiria que repensássemos o papel do CEO e transferíssemos uma parte muito maior da responsabilidade por mudar para os colaboradores. Somente desse modo é que poderíamos continuar a nos concentrar na zona de valor, colocar os colaboradores em primeiro lugar à medida que nossa empresa continuasse a ganhar tamanho e espaço, e tornar a mudança verdadeiramente sustentável. Comecei a procurar maneiras em que pudéssemos acelerar a transferência.

Uma revelação

Um dia, durante o inverno de 2006, tive uma primeira visão do que poderia se tornar a HCLT. O diretor de TI de um cliente global estava visitando nossos escritórios em Nova Déli para uma reunião com sua equipe técnica. Fiz questão de passar para vê-lo por alguns minutos antes de começar a reunião.

"Como vão as coisas?", perguntei ao diretor, que estava trabalhando em seu *laptop* na sala de conferências onde se daria a reunião.

"Muito bem", ele disse. "O grupo está fazendo tudo de maneira satisfatória".

"Fantástico", falei. "Então, se não precisamos discutir o seu projeto atual, eu gostaria de falar sobre uma nova abordagem de atendimento em que estamos trabalhando".

"É claro", disse o diretor. "Por favor".

"Ela se chama Business-Aligned IT, ou BAIT," falei. "O objetivo é alinhar mais o nosso serviço aos processos do cliente. Estamos trabalhando em um piloto no momento, e planejamos implementar o programa completo com todos os clientes nos próximos meses".

"Sei tudo sobre o BAIT", disse o diretor.

"Como?", falei. Fiquei chocado. "Como ele poderia saber a respeito? É um piloto interno. Somente alguns clientes e uns poucos funcionários conhecem".

"Seus funcionários me falaram. Minha equipe da HCLT. De que outra maneira eu poderia ter sabido?"

"Mas nós nem sequer divulgamos isso internamente. Sua equipe ainda não fez o treinamento", falei.

"Bem, a equipe não apenas sabe sobre o BAIT, como já colocou em ação conosco. Eles identificaram nossos três processos mais críticos, e os analisaram para determinar como podem alinhá-los às soluções da HCLT. E estimaram a quantidade de dinheiro que podemos economizar em períodos de 12 meses, 24 meses e 36 meses".

Eu não sabia como reagir. Fiquei um pouco preocupado por a equipe estar usando o processo BAIT antes de ser introduzido formalmente em toda a empresa. Por outro lado, considerei isso como um exemplo de transferência da responsabilidade pela mudança, sem *qualquer* envolvimento meu ou do escritório do CEO. Estava acontecendo de um modo orgânico.

Naquele momento, o grupo entrou na sala, pronto para a reunião marcada.

"Eu estava contando a Vineet sobre nosso trabalho com o processo BAIT", disse o CEO para Tarika, a líder da equipe. Ela ficou um pouco envergonhada, sem saber como reagir.

"Sim", falei. "E estou muito interessado em ouvir mais a respeito".

Tarika (mudei o nome) foi até o quadro e pegou um pincel atômico. Nos dez minutos seguintes, ela e seus colegas, com interjeições ocasionais do diretor de TI, desenharam fluxogramas dos três processos do cliente, descreveram soluções em detalhe e repassaram a análise de economia de custos. Não consegui evitar de me contagiar com o seu entusiasmo e animação.

O que Tarika e seu grupo tinham feito era muito impressionante, considerando que o modelo BAIT ainda não era uma oferta oficial e, ainda mais importante, que essas pessoas eram engenheiros, e não analistas administrativos. Suas habilidades estavam em implementar soluções tecnológicas, e eles tinham pouca experiência em dissecar processos administrativos estratégicos e reduzir ciclos. Na última vez que conversei com aquela equipe, eles estavam trabalhando no desenvolvimento de um aplicativo bastante simples. Quando terminaram sua apresentação improvisada, perguntei: "agora, me digam como vocês mudaram de uma solução tecnológica para pensar mais amplamente sobre a estratégia administrativa".

Quando eles terminaram a sua apresentação improvisada, eu perguntei: "então, me digam como vocês fizeram a mudança de uma solução tecnológica para um pensamento mais amplo de estratégia empresarial".

Tarika me disse que tinha ouvido falar no BAIT piloto por meio de um colega de uma área diferente da empresa. Ele o havia descrito a ela, que considerou bastante proveitoso para a empresa do diretor de TI. Todavia, os consultores da HCLT que eram especialistas no BAIT estavam ocupados demais com o projeto piloto para ajudar Tarika e sua equipe. E, além do mais, ela sabia que o cliente não tinha orçamento para pagar um consultor.

"Então", explicou Tarika, "falei ao grupo, 'vamos ver se podemos aprender isso por conta própria'. E todos concordaram em experimentar". Nos três meses seguintes, em momentos livres e depois do expediente regular, os membros da equipe se instruíram e adquiriram um entendimento muito maior do uso da TI para fazer mudanças nos processos administrativos básicos. Quando acharam que tinham conhecimento suficiente, pediram para um consultor administrativo da HCLT fazer uma oficina com eles, para que pudessem aprender mais como usar os métodos e ferramentas do BAIT.

"Então, aplicamos o modelo às informações que conseguimos reunir sobre os processos administrativos do cliente", disse Tarika, "e fizemos nossas recomendações em um relatório de transformações administrativas". Ela mostrou um documento espesso. "Nele, descrevemos as mudanças que implementaríamos e como eles poderiam economizar milhões de dólares a cada ano".

Sacudi a cabeça. "Esse trabalho é fantástico", respondi. "Especialmente porque vocês o fizeram em seu tempo livre, quase sem nenhuma ajuda da organização formal ou de seus supervisores".

Tarika e os membros da equipe sorriram e tentaram fingir que não era grande coisa.

Quando deixei o escritório naquele dia, continuei a pensar em Tarika e sua equipe técnica. Eles tinham feito uma mudança fundamental na maneira como trabalhavam e como agregavam valor para o cliente, sem que fossem direcionados para tal por mim ou qualquer superior. A responsabilidade pela mudança havia sido transferida, quase inconscientemente, por causa de todos os esforços feitos antes.

Pensei: é assim que a estratégia PCDC pode se tornar adaptável e sustentável à medida que a HCLT crescer. Homens e mulheres, como os membros dessa equipe técnica, assumirão a responsabilidade pela mudança. Eles enxergarão o CEO de outra maneira, e não como a fonte de toda mudança, mas como um tipo de estimulador e possibilitador da mudança.

Como eu poderia reformular o papel do CEO para deixar isso claro para toda a organização e para acelerar a transferência da responsabilidade pela mudança para os colaboradores da HCLT ao redor do mundo?

Invertendo a transferência da responsabilidade: uma nova dimensão do portal U&I

Por volta daquela época, eu vinha participando de vários seminários, incluindo o Fórum Econômico Mundial e a conferência BrainstormTECH da revista *Fortune, em São Francisco*, onde falei sobre o conceito PCDC. Nesses eventos, sempre recebi a mesma resposta "sim, mas".

"Sr. Nayar", alguém dizia, "isso tudo é muito interessante. Mas será que muitas dessas iniciativas de *Primeiro os colaboradores, depois os clientes* não estão relacionadas com o seu mandato pessoal na função? Quantas delas o senhor acha que produzirão mudanças de longo prazo? Será que não vão desabar depois que o senhor partir?"

Essa era uma pergunta boa e válida, e me incomodava. Cada novo CEO chega com suas próprias iniciativas. A organização adota os programas ao máximo ou ao mínimo que puder. Quando chega o próximo CEO, meses ou anos depois, muitas dessas iniciativas são substituídas, e outras entram no seu lugar. Com frequência, as iniciativas do CEO criam mudanças na organização que não são sustentáveis e não produzem mudanças duráveis – ou seja, mudanças profundas, fundamentais e de longo prazo.

Uma solução possível apareceu em um lugar inesperado: minha caixa de entrada de *e-mails*. Durante o inverno de 2006, eu vinha recebendo um volume enorme de *e-mails* a cada dia. Mesmo com todas as iniciativas que havíamos criado para aumentar a transparência, construir a confiança e inverter a pirâmide organizacional, uma grande porcentagem das mensagens ainda era do tipo "Vineet, por favor, responda a minha pergunta". Eles descreviam uma questão ou problema e depois concluíam com uma pergunta como: "o que você recomenda?" ou "o que devemos fazer?" ou "como você lidaria com isso?"

As pessoas que as enviavam estavam, em efeito, colocando a responsabilidade pela mudança em mim, em meu escritório, ou em alguém a quem eu pudesse encaminhar o problema. Porém, nossa meta era transferir a responsabilidade para os colaboradores, e não tirá-la de seus ombros. Não é que as pessoas que enviavam as perguntas não pudessem responder as questões por conta própria. Muitos eram mais inteligentes do que eu, afinal, e sabiam muito mais sobre a tecnologia, geografia ou produto específico que estavam questionando do que eu sabia ou poderia vir a saber. Mais importante, estavam mais perto da zona de valor e tinham uma compreensão maior do que devia ser feito para criar mais valor para a empresa e seus clientes. Então, por que continuavam me procurando em busca de soluções? Eles sabiam que eu não podia ter a resposta para todas as suas perguntas. Eu não *devia* ter a resposta, em uma organização com as linhas diversas de serviços, mercados e operações que tínhamos. Havia tantas zonas de valor tão distantes de mim, e tínhamos um conjunto imensamente diverso de questões e problemas.

Compreendi que os colaboradores estavam me fazendo essas perguntas por duas razões. Primeiro, era um hábito, uma resposta impensada, típica de qualquer organização hierárquica onde os empregados automaticamente olham para cima em busca de respostas. Em segundo lugar, talvez não quisessem assumir a responsabilidade total pela resposta ou resultado. Eles queriam que eu – o CEO – e meu escritório assumíssemos uma parte ou toda a responsabilidade. Talvez quisessem poder dizer: "Vinnet disse que tudo bem. Não me culpe". Possivelmente, a culpa *era* minha. Talvez eu os tivesse feito crer que *queria* tomar todas as decisões e, assim, talvez eu fosse a causa do seu comportamento.

Seja qual for a razão, essa situação tinha que mudar. Os empregados tinham que assumir mais responsabilidade por suas ideias e atos. Depois que discuti a questão exaustivamente com a equipe de liderança e muitos colegas, chegamos a um catalisador simples para reformular o papel do CEO: adicionar uma nova função no portal U&I.

Nosso objetivo original com o portal era criar transparência e construir a confiança. Tínhamos conseguido fazer isso. Porém, agora, eu via que, em nosso desejo de ser transparentes e tornar o CEO acessível e aberto, na verdade, tínhamos aumentado a percepção do CEO onisciente e seu escritório onipotente; de maneira involuntária, tínhamos reforçado a ideia de que o CEO assumiria a responsabilidade por tudo. A premissa do portal U&I, afinal, era de que todos poderiam enviar uma pergunta a Vineet, e que eu, ou alguém do meu escritório, devolveria uma resposta rapidamente à pessoa.

Essa busca por transparência havia servido para centralizar o poder no escritório do CEO ainda mais que antes. Porém, como havia aprendido na reunião com Tarika e sua equipe técnica, existia muito mais conhecimento fora do meu escritório do que dentro dele. Ocorreu-me que *eu* tinha muitas perguntas a fazer aos outros. "Vineet", falei para mim mesmo, "você também é um empregado, afinal". Por que essas perguntas não poderiam ser em duas vias? Eu estava tento dificuldades com muitas questões naquele momento, muitas das quais eu simplesmente não podia resolver por conta própria. Em vez de ocultar minhas dificuldades e fingir que tinha as respostas, por que não procurar ajuda com a organização? Isso não equivaleria a tirar uma lasca da fachada de mármore do escritório do CEO?

Então, criamos uma nova seção dentro do *site* U&I chamada Meus Problemas. Ela envolvia exatamente isso: os *meus* problemas, as questões que eu, como CEO, não conseguia responder ou resolver sozinho. Comecei a colocar as questões que me causavam dificuldades, e as pessoas começaram a enviar respostas. Uma questão, em particular, estava me atormentando. Como você deve saber, existe um grupo de empresas de analistas que tem muita influência na comunidade de compradores de TI. Essas organizações inteligentes fazem pesquisas, prestam consultoria a clientes e têm uma influência significativa na maneira como os clientes de TI pensam. Elas são intermediárias no mercado, localizadas muitas vezes entre as empresas prestadoras de serviço e os clientes.

Naquela época, algumas dessas intermediárias pareciam ter um forte viés para os fornecedores globais de TI, contra os quais estávamos competindo com êxito. Alguns desses analistas, ainda que poucos, pareciam acreditar que grande sempre era melhor e, de maneira coerente, recomendavam que seus clientes sempre procurassem o tamanho, mesmo quando empresas menores como a HCLT pudessem apresentar uma proposta de valor melhor. Isso me frustrava, pois eu sabia que tínhamos tanta capacidade quanto, ou mais que, as empresas globais para criar valor para nossos clientes, e que tínhamos mais capacidade de inovar e fazer mudanças radicais. Em outras palavras, era muito mais provável que fôssemos nós a Apple ou o Google do setor de TI, e não aquelas que eram consideradas uma aposta mais segura. Porém, alguns dos analistas pareciam incapazes de ouvir essa mensagem ou, se a ouvissem, de acreditar nela. Talvez fosse porque não tínhamos transmitido nossa mensagem adequadamente e provado nossas afirmações sobre nós mesmos.

Um dos primeiros *posts* que escrevi na seção Meus Problemas do portal U&I foi sobre essa questão. "Como podemos fazer os analistas mudarem suas visões? Que provas podemos dar de nossas novas capacidades e nossa abordagem singular?", perguntei. E segui com esse e com alguns outros dilemas que não conseguia resolver.

Recebi uma quantidade enorme de respostas. Era como se todos na organização tivessem uma opinião sobre o tema e estivessem dispostos a ajudar seu pobre e ignorante CEO.

Todos os problemas organizacionais foram resolvidos pela seção Meus Problemas? Recebi soluções perfeitas e prontas para implementar para todas as minhas preocupações? Não, é claro que não. Mas ouvi muitos argumentos interessantes, ideias e soluções sugeridas que me ajudaram a entender melhor o problema e desenvolver meu raciocínio. Em muitos casos, travei uma troca com os colaboradores à medida que nos fazíamos perguntas como:

- Qual é a natureza fundamental do problema?
- Como ele nos afeta realmente?
- Será que realmente precisamos fazer algo a respeito?
- Qual é a pessoa ou equipe certa para pensar mais a respeito disso?
- Que prazo faz sentido?
- Como avaliaremos o processo e a solução?

Essa conversa, voltada para os "meus problemas e suas respostas", começou a transferir, de mim para outras pessoas na organização, a responsabilidade das ações que levariam à mudança. Em vez de um monólogo, tornou-se um diálogo.

Então, levamos o conceito um pouco adiante, publicamos ideias sobre as políticas que vínhamos considerando e pedimos comentários dos empregados. Criamos pesquisas de opinião sobre diversas questões e apresentamos os resultados, para que todos vissem. A equipe de liderança nem sempre aceitava o conselho que recebíamos, e nem sempre seguimos a opinião majoritária expressa nas pesquisas. Esse não era o propósito verdadeiro da ideia. O objetivo era fazer todas as pessoas da companhia conversarem entre si e se escutarem, assim como uma boa família, e que a administração justificasse e informasse suas decisões quando diferissem das visões da maioria.

Era mais um passo no sentido de reformular o papel do escritório do CEO. Se o CEO não estava disposto ou não era capaz de responder a todas as perguntas dos colaboradores, e se ele pedia respostas para os problemas com que tinha dificuldade, não estávamos redistribuindo a responsabilidade por nossos destinos, compartilhando-a? Não significava que todos na empresa tinham que assumir a responsabilidade por criar valor na zona de valor? Isso não garantiria que a nossa vantagem competitiva continuaria além do mandato de qualquer CEO? Não significava que todos tínhamos que assumir a responsabilidade e disseminar a filosofia da PCDC para os novos empregados, para que avançasse?

Envolvendo a pessoa inteira

Todavia, tínhamos que fazer ainda mais para incentivar as pessoas a assumir mais responsabilidade pela mudança dentro da empresa. Afinal, nem todos se comunicavam comigo por meio do portal U&I, fazendo suas perguntas ou tentando responder as minhas. E ainda havia muitos empregados que simplesmente não se envolviam de forma plena na empresa. Seu emprego era só um emprego; as coisas que os interessavam estavam fora do ambiente de trabalho e além do dia de trabalho.

Naquela época, tive uma conversa fascinante com o diretor de TI de uma importante empresa global. Acabáramos de ganhar um contrato com ele para expandir o nosso relacionamento com sua empresa. Depois que o negócio foi fechado, perguntei por que ele havia escolhido a HCLT ante os outros representantes que haviam se candidatado. Era uma pergunta *pro forma*, à qual, inicialmente, ele deu uma resposta *pro forma*. Ele falou do caráter inovador das nossas soluções, da qualidade do serviço, nossa sensibilidade, nossas instalações e nossos preços. E depois, disse: "Vineet, eu realmente acredito que todo o processo de licitação para trabalhos como esse faz pouquíssimo sentido. Abrimos uma concorrência para uma proposta, e vocês respondem diligentemente a ela. Mas isso não nos diz realmente o que queremos saber sobre você ou sua empresa".

"Como assim?", perguntei. "Você está dizendo que a nossa proposta foi inadequada?"

"De maneira nenhuma", ele disse. "Afinal, escolhemos vocês. O que estou dizendo é que a proposta não tratou das questões que realmente importam".

"Como por exemplo?"

"Como o que seus colaboradores representam. Quem são eles? O que pensam? Qual é a sua ética? O que os motiva? Não preciso saber sobre as ferramentas e tecnologias que vão usar. Elas serão muito semelhantes as que as pessoas em todas as empresas usam. Quero saber se eles vão fazer um esforço a mais por mim e meu projeto. Estarão suficientemente motivados para ir além do que está no contrato? Será que se envolverão inteiramente em seu trabalho conosco?"

Essa ideia mexeu profundamente comigo. Se eu pudesse envolver as pessoas com suas paixões e crenças e éticas, elas não seriam mais prováveis de assumir a responsabilidade pela mudança? Elas não exigiriam uma mudança?

Mas como poderíamos começar a entender o papel da paixão no trabalho?

Identificando fontes de paixão: a pesquisa IPC

Muitas empresas fazem pesquisas visando avaliar a satisfação dos empregados ou o seu nível de envolvimento. Não obstante, enquanto pensava sobre os comentários do diretor de TI, compreendi que essas abordagens eram inadequadas. Será a satisfação um indício realmente correto de qualquer coisa? A satisfação é muito diferente da paixão. A satisfação não implica na verdade uma aceitação complacente da maneira como as coisas já são? Se estiver satisfeito, irei me interessar em mudar ou melhorar alguma coisa?

E o envolvimento? Será melhor? Suponho que, se um colaborador está envolvido, isso é melhor do que não se envolver. Mas não seria apenas mais uma forma, um pouco mais ativa, de satisfação? Estou envolvido com o trabalho e o projeto, mas será que isso significa que estou fazendo perguntas a respeito dele? Considerei outras maneiras? Farei o esforço a mais que meu amigo diretor de TI tanto valorizava?

Provavelmente não. Somente a paixão faz as pessoas saltarem da cama pela manhã ansiosas pelo trabalho do dia. Somente a paixão as leva a experimentar coisas que possam ser difíceis ou pareçam impossíveis. Somente a paixão as faz assumir responsabilidades ou aceitar tarefas que não sejam estritamente especificadas em um documento contratual.

Então, perguntei a mim mesmo como podemos avaliar e usar a paixão de um colaborador? Como podemos melhorar a nossa compreensão do que ele realmente ama e quer fazer? Como podemos usar essa medida para ajudar as pessoas a seguirem suas paixões e, portanto, agirem de forma mais apaixonada em relação aos seus trabalhos?

Não sabíamos, mas decidimos experimentar.

Com esse objetivo, desenvolvemos uma iniciativa chamada Indicador de Paixão do Colaborador (IPC).

Identificamos uma pequena lista dos principais motivadores da paixão e os organizamos em três temas: *self*, social e secular. Criamos uma pesquisa, com questões organizadas em torno desses três temas. O objetivo da pesquisa era identificar os valores fundamentais que são mais importantes para as pessoas e que motivam o seu potencial para agirem de forma apaixonada, tanto no sentido pessoal quanto no profissional.

A pesquisa sobre a paixão veio a ser um grande acerto. As pessoas adoraram pensar sobre a paixão que tinham, ou não tinham, pelo trabalho que vinham fazendo. Ficaram intrigadas em saber o que os outros estavam fazendo para aumentar a paixão em suas áreas respectivas. Os gerentes puderam medir o pulso de seus colaboradores de um modo diferente. O interesse na pesquisa gerou vários *workshops* sobre o tema e intervenções nas equipes, que ajudaram as pessoas a pensar mais sobre os indicadores das suas paixões e como poderiam alavancá-los no trabalho.

Criando comunidades sustentáveis de paixão: os Conselhos de Colaboradores

A seguir, precisávamos de um modo de inserir o componente da paixão das pessoas na estrutura organizacional. Tivemos a ideia de criar comunidades de colaboradores, que chamaríamos de Conselhos de Colaboradores e seriam organizadas em torno de uma área específica da paixão, como um clube universitário. Os conselhos seriam virtuais, cobrindo todos os limites organizacionais, mas teriam um representante eleito em cada instalação física. A ideia pegou como fogo. Foram criados conselhos para saúde e higiene, arte, música, responsabilidade social corporativa e dezenas de outras questões. Atualmente, por volta de 2.500 pessoas atuam como líderes de conselhos ao redor do mundo, e temos uma equipe de membros de conselhos cobrindo toda a geografia, que participam conforme suas áreas de interesse ou paixão. É um exercício democrático; os líderes são eleitos pelos colaboradores, em lugar de serem apontados pela administração. Essa prática tira o controle do escritório do CEO, colocando-o nos braços da estrela do mar.

O efeito desses conselhos é impressionante. Eles permitem que as pessoas promovam sua imagem no trabalho. Os colaboradores se envolveram tanto nesses grupos que os conselhos acabaram disseminando a aprendizagem por toda a organização e trazendo as pessoas, bem como as famílias, para a cultura da empresa.

De fato, os conselhos de colaboradores se mostraram tão populares e tão poderosos para energizar as pessoas que começamos a pensar em como os grupos poderiam trabalhar de maneira a afetar o nosso negócio mais diretamente. Com essa finalidade, criamos comunidades concentradas especificamente em paixões relacionadas com o setor, como uma determinada tecnologia ou um domínio vertical. Em seguida, essas comunidades estavam gerando ideias de todos os tipos para a HCLT, ajudando-nos a desenvolver planos e fazendo propostas para novos contratos. (A ideia do BAIT, por exemplo, originou-se em uma dessas comunidades). Quando algumas dessas ideias começaram a gerar receita, compreendemos que estávamos nos deparando com mais um benefício imprevisto: criar novas ideias comerciais por meio da inovação não estruturada.

Uma dessas inovações complexas não estruturadas, voltada para a computação em nuvem, está em andamento na HCLT enquanto escrevo este livro. Muitos organizações ao redor do mundo estão tentando melhorar a sua compreensão do processo de computação nas nuvens, que essencialmente tira os aplicativos dos computadores e servidores da empresa e os coloca na Web, na certeza de ter um impacto amplo sobre os fornecedores de TI e em seus clientes. Os modelos administrativos sofrerão mudanças radicais; alguns não sobreviverão. Nenhuma pessoa, equipe ou comunidade é dona da questão da computação nas nuvens na HCLT, pois suas implicações são imensas para todas as nossas linhas de atuação.

Porém, o debate e a participação das comunidades nos ajudam a aumentar a consciência, criar um senso de urgência, incentivar novas ideias e impedir que sejamos pegos de surpresa pela mudança. Como resultado, nossa resposta estratégica à computação em nuvem está evoluindo constantemente. Quando uma abordagem específica ganha massa crítica dentro do conselho, ela é transferida para um grupo que se dedica à execução. Acredito que a inovação, especialmente em nosso ramo, floresce em um processo desestruturado como esse.

Essas comunidades de paixão – construídas em torno de interesses pessoais e questões administrativas – tiveram o efeito desejado sobre a estrutura da empresa. Elas ajudaram a transferir a responsabilidade pela geração de novas ideias para além do escritório do CEO e da equipe de liderança, para comunidades de pessoas que trabalham em conjunto e criam alternativas fora dos limites da hierarquia.

Gradualmente, passo a passo, catalisador por catalisador, o escritório do CEO estava se tornando menos como a onisciente cabeça da aranha. A empresa estava se tornando semelhante à estrela do mar.

Transferindo a responsabilidade por estabelecer a estratégia

Desde que começamos nossos esforços para reformular o papel do CEO em 2006 e transferir a responsabilidade pela mudança para nossos colaboradores, buscamos muitos outros catalisadores e iniciativas. Por exemplo, começamos a ver que tínhamos que mudar a relação com os clientes e capacitá-los para assumir mais responsabilidade pelo novo rumo de nossas parcerias e empreendimentos. Já tínhamos um grupo de aconselhamento ao cliente e uma reunião trimestral do conselho de administração voltada para os problemas dos clientes, mas queríamos envolver o cliente mais profundamente na criação de valor e, ao mesmo tempo, desafiar nossos colaboradores a assumir mais responsabilidade diante de suas funções definidas.

Logo, tivemos uma proposta: criar uma forma de trocar ideias, a ser chamada de *portal do valor*, entre o cliente e nossos colaboradores. Os colaboradores gerariam e registrariam novas ideias para criar valor, e as compartilhariam com os clientes, que avaliariam e classificariam as ideias segundo alguns critérios específicos. Por participar e gerar ideias que recebessem uma boa avaliação, os colaboradores seriam reconhecidos e recompensados.

Pouco tempo depois de implementarmos o portal do valor, mais de 200 clientes já haviam participado. Enquanto isso, os colaboradores da HCLT tinham gerado milhares de ideias com o potencial de economizar milhões de dólares para os nossos clientes.

Assim, estávamos prontos para o que poderia ser considerado como o passo final: proporcionar que os colaboradores compartilhassem da responsabilidade pela definição da estratégia da nossa empresa, trabalhando juntos para determinar o nosso futuro.

Vou saltar até 2009 para descrever a expressão mais potente dessa abordagem, um conceito chamado *MyBlueprint*. Como descrevi antes, em 2005, tivemos nossa primeira reunião do plano, um encontro de nossos principais administradores para falar sobre a direção que estaríamos tomando nos próximos cinco anos. Em 2009, estávamos nos aproximando do fim daquele plano e precisávamos mapear a próxima etapa da jornada.

Aproximadamente 300 gerentes tinham a responsabilidade de fazer planos para suas áreas específicas. Nos últimos anos, seus planos escritos e apresentações orais foram revisados pela próxima pessoa na hierarquia, incluindo eu. Em 2009, enquanto estávamos reformulando o papel do CEO, encontrei-me no meio do processo anual de avaliação, e perguntei a mim mesmo: por que devo ser eu quem revisa todos eles? O que eu sei sobre o trabalho desses 300 gerentes? Como posso avaliá-los? Que valor estou agregando? Não faria mais sentido um supervisor da área de serviços financeiros ouvir opiniões sobre como as empresas varejistas estão melhorando suas relações com seus clientes finais, ou como empresas de mídia e editoras estão inovando no acompanhamento e monetização do conteúdo digital – que poderiam desencadear novas ideias ou soluções para os clientes dos serviços financeiros desse administrador? Um gerente na Austrália não teria muito a aprender com um colega da Europa que enfrentasse questões e desafios semelhantes?

Então, em 2009, decidimos não fazer uma reunião do plano.

Em vez disso, concordamos que os 300 gerentes preparariam e gravariam seus planos e os divulgariam em um portal chamado *MyBlueprint*, parecido com o Facebook. Os planos seriam abertos para revisão por outros 8.000 gerentes da HCLT, incluindo pessoas acima dos gerentes na hierarquia tradicional e pessoas abaixo deles.

Isso, segundo esperávamos, transformaria o processo de planejamento em uma revisão de colega para colega, em vez de uma avaliação de cima para baixo, tornando o planejamento muito mais próximo da zona de valor, e afastando a responsabilidade ainda mais do escritório do CEO.

Houve muitos "sim, mas"?

É claro que sim.

"Mas Vineet, isso significa que *você* não vai olhar os planos?"

"Você quer que compartilhemos nossos planos com 8.000 gerentes? Isso é levar a transparência longe demais. Vai entregar a nossa estratégia. O mundo inteiro saberá o rumo que estamos tomando!"

"Vineet, sempre preparamos apenas para os olhos dos executivos. Que forma eles devem ter no portal *MyBlueprint*?"

Continuamos mesmo assim. E o efeito foi surpreendente. Os 300 gerentes colocaram seus planos no portal. Quando ouvi algumas das gravações, fiquei surpreso ao ver que soavam muito diferente das apresentações presenciais que tinha ouvido nos quatro anos anteriores. Como os gerentes sabiam que as gravações seriam revisadas por um grande número de pessoas, incluindo suas próprias equipes, a profundidade de sua análise e a qualidade da estratégia planejada aumentou. Eles foram mais honestos em sua avaliação dos desafios e oportunidades atuais, e falavam menos sobre o que esperavam realizar e mais sobre as atitudes que pretendiam tomar para alcançar resultados específicos.

Como sempre, o catalisador teve efeitos secundários imprevistos. Oito mil gerentes da HCLT aproveitaram a oportunidade para revisar as gravações no portal *MyBlueprint*. Em seguida, a rede estava fervilhando. As pessoas indicavam uma gravação que consideravam útil para seus colegas. Os colaboradores em um determinado departamento discutiam seu futuro com um novo entendimento, e adoravam a transparência. O grau de compartilhamento fora dos muros da hierarquia formal era extraordinário. Os gerentes faziam novas conexões entre si, através de todos os tipos de fronteiras.

As pessoas postavam comentários sobre as estratégias que proporcionavam novas perspectivas e ideias aos gerentes, que eram muito mais relevantes e exequíveis do que as contribuições que costumavam receber em suas avaliações anuais. Quando um novo colaborador entrava para a equipe, ele tinha um lugar onde podia saber o que a equipe estava tentando alcançar e a razão para tal. Todos se sentiam capazes de contribuir para o processo de pensamento e planejamento. As pessoas entendiam os desafios melhor, apropriavam-se do plano e podiam aderir à estratégia de um modo nunca visto antes.

No final, a equipe de liderança e eu participamos do processo, fazendo comentários e dando *feedback,* mas nossas vozes eram apenas mais algumas entre oito mil.

O processo do portal *MyBlueprint* teve êxito? Creio que sim. Faremos do mesmo modo no ano que vem? Provavelmente, mas certamente, haverá mudanças e novidades, novos refinamentos e novos catalisadores. Nada jamais está perfeito.

Expandindo a responsabilidade para uma empresa adquirida: a fusão inversa da Axon

Nossos esforços para compartilhar a responsabilidade com os colaboradores e unidades da empresa se estenderam à maneira como lidávamos com fusões e aquisições. Em dezembro de 2008, a HCLT concluiu a aquisição de uma empresa britânica de consultoria em SAP, a Axon Plc, por 440 milhões de libras, a maior aquisição já realizada por uma empresa de TI indiana fora do país.

Na época, o *software* de gestão empresarial SAP estava crescendo rapidamente. Não éramos organicamente capazes de gerar capacidades de consultoria em SAP. A Axon era a maior e mais bem-sucedida empresa independente do mundo de consultoria em SAP e, por isso, adquirimos a empresa para nos ajudar a melhorar os nossos serviços e crescer mais rapidamente.

Não obstante, estávamos determinados a não cometer o erro que tantas empresas fazem com suas aquisições: forçar a organização Axon a se integrar à organização HCLT. Ao contrário, reconhecemos que tínhamos adquirido a Axon porque éramos fracos nesse espaço e ela era forte e, assim, devíamos ajudar a Axon em vez de tentar integrá-la à HCLT. Dessa forma, fundimos a nossa organização de SAP, com aproximadamente 2.500 pessoas, à Axon. Assim, possibilitamos que a HCL Axon tivesse ainda mais êxito, permitindo que alavancasse o orçamento, a marca, o alcance, os clientes, as soluções e o modelo de inovação da HCLT. A abordagem funcionou tão bem que, nove meses depois da aquisição, a equipe de liderança da HCL Axon assumiu a direção de muitos outros setores da HCLT.

Desse modo, a HCL Axon e o resto da HCLT tiveram um grande crescimento, os clientes da HCLT puderam aproveitar uma nova proposta de valor, e os preços das nossas ações subiram, mesmo durante a recessão de 2008-2009 e, como CEO, ganhei respaldo para fazer cada vez mais. Ou talvez deva dizer, para fazer cada vez menos. Em outras palavras, uma parte da responsabilidade que geralmente seria transferida para o escritório do CEO em uma aquisição, na verdade, foi na direção oposta.

Vimos que o conceito de PCDC, quando aplicado a uma grande aquisição como a fusão com a Axon, podia gerar resultados tão positivos que fizemos mais quatro aquisições bem-sucedidas naquele ano. A cada uma delas, provamos que, quando o CEO se concentra menos em governar e mais em capacitar, o executivo pode fazer muita coisa que, de outra forma, seria arriscada demais para tentar.

Os benefícios de transferir a responsabilidade pela mudança

Muitas pessoas me questionam sobre essa reformulação do papel do CEO. Eu estou falando sério? O CEO não devia segurar com firmeza as rédeas do poder? Como pode uma empresa criar uma estratégia em um processo cooperativo? Acredito profundamente que uma grande parcela da responsabilidade por gerenciar a empresa deve ser transferida para os empregados, por três razões:

- Primeiro, concentrar o poder no escritório do CEO drena o poder da zona de valor. O escritório do CEO está sempre distante demais da zona de valor para realmente entender a zona. O CEO que tenta determinar o que acontece lá, especialmente em empresas que atuam na economia de serviços e do conhecimento, pode simplesmente afundá-la.

- A segunda razão é a velocidade. A velocidade do pensamento, da mudança e da implementação é sufocada pelo excesso de hierarquia, seja onde estiver. A única maneira de remover a hierarquia na organização é reformular o papel do CEO como aquele que faz mais perguntas do que responde. O resto da hierarquia logo desabará.

- A terceira razão para reformular o papel do escritório do CEO é o elemento do conhecimento. A complexidade das economias do conhecimento e de serviços é tão grande que é impossível qualquer indivíduo ou unidade da empresa, incluindo o CEO e seu escritório, possuir todo o conhecimento. O CEO deve se dedicar a capacitar as pessoas que *têm* o conhecimento para fazer aquilo em que são boas, em vez de tomarem decisões por conta própria, usando conhecimento incompleto, imperfeito e provavelmente desatualizado.

O CEO não pode mais ser aquele que rabisca a estratégia em um guardanapo de papel durante o jantar. Ele não pode ser aquele que para em frente à plateia para motivá-la com sua oratória fabulosa. O CEO não será aquele que tem as ideias melhores e mais brilhantes. O papel do CEO é permitir que as pessoas se sobressaiam, ajudá-las a descobrir a sua própria sabedoria, a se envolverem inteiramente em seu trabalho, e a aceitarem a responsabilidade por fazerem mudanças.

Rumo ao autodirecionamento

Tenho uma diferença muito pessoal e de longa data com a hierarquia. Talvez seja por isso que eu esteja tão decidido a repensar o papel do CEO e fazer outras pessoas compartilharem a responsabilidade pelo trabalho da empresa.

Tive sorte de os professores em minha escola atuarem no papel de facilitadores da aprendizagem. Queriam transferir o controle de nossa educação para os estudantes, o mais cedo possível em nossas vidas. Eles não pensavam em si mesmos como CEOs da sala de aula.

Em nossa família, também não havia muita hierarquia. Meu pai morreu jovem, quando eu era adolescente. Então, a tradicional estrutura de comando e controle que poderia ter havido simplesmente não existiu em nossa casa.

Com os anos, observei e estudei outras instituições, de organizações filantrópicas a grupos religiosos, buscando pistas e modelos que pudessem ser aplicados em empresas. Concluí que, quando as pessoas sentem paixão e responsabilidade pelo que fazem, elas não apenas podem transformar uma empresa, como podem se transformar.

Quando transferimos a propriedade de nossos problemas coletivos do supostamente onipotente CEO para os colaboradores, as pessoas querem transformar e lidar com suas vidas profissionais e pessoais de um modo muito diferente do que jamais fizeram. De repente, elas enxergam a empresa como seu próprio empreendimento e começam a pensar como empreendedores. Seu quociente de energia dá um salto. E quando isso acontece com uma massa crítica de empregados (geralmente, 5 ou 10% é tudo que se precisa) por toda a empresa, cria-se um tipo de fusão – uma união das partículas humanas na molécula corporativa que libera uma grande quantidade de energia.

Assim, o objetivo final de todas as iniciativas que descrevi neste capítulo vai além da reformulação do papel do CEO; é a criação de uma empresa autogovernada e auto-organizada. Ainda não chegamos lá na HCLT. Precisamos de mais algumas gotas e um pouco mais de tempo.

Muitos administradores em nossa organização se tornaram porta-estandartes dos nossos esforços para tirar a responsabilidade pela mudança do escritório do CEO e da busca pela autogovernança. "Porém, nem sempre é a melhor maneira de fazer as coisas", eles costumam admitir para mim. "Mais uma vez, a maneira mais fácil geralmente não é tão divertida".

De fato, já vi pessoas patinarem enquanto lutam para tomar decisões e assumir a responsabilidade por si mesmos e por suas unidades organizacionais. Eu mesmo já tropecei muitas vezes. Vimos fracassos, tantos quantos os sucessos que tivemos. Em muitos fóruns, debati as questões que envolvem a transferência da responsabilidade para os colaboradores, bem como o conceito PCDC como um todo. Às vezes, não consigo fazer total justiça às nossas ideias, e provavelmente não consegui convencer aqueles que participavam da conversa.

Entretanto, continuamos a trilhar o caminho chamado *Primeiro os colaboradores, depois os clientes*. O que o tornou possível, e o que me deu força pessoalmente para continuar, é a fé e a paixão dos colaboradores em toda a organização HCLT – aquelas pessoas que são as gotas essenciais da mudança – que dedicam tanto da sua mente e corações à nossa empresa e à sua transformação.

Sem elas, já teríamos descido a ladeira há muito tempo e estaríamos olhando para uma montanha alta demais para escalarmos.

CAPÍTULO CINCO

Encontrando compreensão na incompreensão

Renovando o ciclo de mudança

Talvez seja mais fácil compreender incorretamente o conceito *Primeiro os colaboradores, depois os clientes* do que compreendê-lo. Existem muitas maneiras de não enxergá-lo pelo que ele é.

Então, neste capítulo final, quero falar mais sobre o que a abordagem PCDC é na realidade, e o que não é; o que ela pode fazer por você, sua empresa e seus colaboradores, e o que não pode. Essa talvez seja uma inversão da maneira como se esperaria que um livro como este fosse estruturado (mas, enfim, o tema principal do livro é o valor de inverter estruturas tradicionais, de modo que também podemos virar esta de cabeça para baixo!), pois, nos capítulos anteriores, falei sobre as questões práticas e passos específicos que demos em nossa jornada. Agora, quero abordar os equívocos relacionados com esta filosofia.

O primeiro equívoco: não vai funcionar quando as coisas ficarem difíceis

"Sim, Sr. Nayar, isso parece muito bom", posso ouvir as pessoas me dizendo. "Suas histórias sobre espelhos e gotas de chuva e aviários são interessantes, às vezes até inspiradoras. Mas o que acontece quando as coisas ficam difíceis? O que acontece quando sua empresa chega num terreno acidentado? Quando a economia decai? Quando todo o setor se torna irrelevante?"

"Acima de tudo, sr. Nayar, o que acontece quando não se tem opção além de cortar custos e, com a permissão de Deus, reduzir o número de seus preciosos empregados? Será que eles ainda acharão que o senhor deve responder a eles, mesmo quando lhes der a carta de demissão?".

Essa é uma boa pergunta.

Nós na HCLT enfrentamos os mesmos problemas que a maioria das empresas enfrentou durante a pior parte da crise econômica – fundamentalmente, uma ameaça séria de declínio nos negócios. Durante aquele período, da metade de 2008 ao final de 2009, o conceito *Primeiro os colaboradores, depois os clientes* foi testado na realidade. Perguntávamos: o conceito será relevante em um momento como este? Podemos nos dar ao luxo de colocar os colaboradores em primeiro lugar quando os próprios clientes estão com dificuldades? Não teremos que promover demissões?

Não é essa a única maneira de manter os custos baixos em um momento em que a receita está caindo? E isso não vai contra toda a ideia de *Primeiro os colaboradores, depois os clientes?* Conversei sobre isso com minha equipe de liderança. Não sabíamos como responder à ameaça de queda no faturamento em uma crise econômica severa, pois nunca tínhamos tido que lidar com tal situação. Contudo, recusamo-nos a crer que uma demissão geral fosse a única resposta para reduzir os custos e sobreviver ao momento difícil. Sentíamos em nossos corações que, se nos recusássemos a considerar a recessão como uma desculpa pelo declínio no desempenho, e se fizéssemos o que era certo para nossos colaboradores, converteríamos a ameaça em uma oportunidade.

Essa convicção foi amparada por minha crença de que a economia do conhecimento como um todo foi construída com base na confiança que os empregados e empregadores têm uns nos outros; não existe nada mais. É somente essa reação – entre os colaboradores e a organização – que mantém uma empresa funcionando. Se você fizer uma demissão em grande escala que não esteja relacionada com o desempenho dos colaboradores, mas diga respeito apenas a cortar custos, o tecido da confiança se rasga. Nega-se a premissa que fundamenta a existência da organização.

Tínhamos que encontrar uma maneira diferente, sem desculpas. Então, ficamos com nossos princípios do conceito *Primeiro os colaboradores, depois os clientes* e tomamos a rota da transparência, responsabilização inversa e sabedoria coletiva.

Por meio de eventos presenciais e da mídia virtual, acessamos 10 mil empregados da HCLT e dissemos: "como devemos responder a esse desafio? Queremos conhecer seus pensamentos e ideias". Chamamos o programa de Resposta Inteligente.

Como esperávamos, a resposta foi imediata e massiva. E, como aprendemos com iniciativas anteriores, nem todas as ideias foram proveitosas. Contudo, acabamos com quinze iniciativas que implementamos e que resultaram em reduções enormes nos custos da empresa. Embora as iniciativas, quando implementadas, parecessem diferentes das sugestões originais que recebemos pela Resposta Inteligente, não é essa a questão. A alta administração e eu jamais poderíamos imaginar essas iniciativas sozinhos. Nós improvisamos com elas, aperfeiçoamos, modificamos e terminamos com uma lista de finalistas fortes.

De maneira surpreendente, as sugestões incluíam ideias sobre reduzir o tamanho da força de trabalho, pedindo para as pessoas que tivessem desempenho abaixo do padrão, ou que não fossem flexíveis, para deixarem a empresa. Os colaboradores que fizeram as sugestões argumentaram que tínhamos que tirar os aproveitadores para sobreviver e, também importante, para motivar aqueles que tinham desempenho superior.

O impacto final da iniciativa Resposta Inteligente estava menos em iniciativas para cortar custos do que aumentar a receita. Quando nossos colaboradores foram chamados a responder a difícil pergunta de como poderíamos sobreviver à recessão, eles se sentiram incluídos e seguros sobre o seu futuro, e começaram a se concentrar em como criar mais entusiasmo na interface com o cliente para aumentar os lucros. Isso era muito diferente da situação em outras empresas de TI, muitas das quais não haviam adotado uma abordagem inclusiva para considerar respostas à recessão.

Os colaboradores dessas empresas ficaram inseguros e concentrados em seus próprios destinos, se sentiam desmotivados e com medo. Isso transpareceu em seu desempenho na zona de valor e somou-se aos problemas das suas empresas, criando um ciclo negativo de menor rendimento e maior ansiedade. Embora a participação dessas empresas no mercado tenha caído, a HCLT cresceu 20% anos após ano durante o pior período da recessão. Fechamos contratos valendo o dobro do que no mesmo período do ano anterior e abrimos milhares de novas vagas de trabalho ao redor do mundo naqueles meses. Nos Estados Unidos e no Reino Unido, contratamos 1.500 empregados.

O especialista em gestão Gary Hamel notou a sabedoria desse enfoque muito antes de chegar a recessão. Ele escreveu: "infelizmente, uma ameaça que todos percebem mas sobre a qual ninguém fala cria mais ansiedade do que uma ameaça que foi claramente identificada e se tornou o ponto focal para os esforços de resolução de problemas em toda a empresa".[1]

Perguntei a vários dos nossos maiores clientes por que eles achavam que tínhamos conseguido aumentar nossa parcela do mercado durante aquele período. Todos disseram a mesma coisa: "seus colaboradores fizeram a mágica acontecer".

O conjunto de ideias que resultou do processo Resposta Inteligente proporcionou que a HCLT administrasse a desaceleração de maneira melhor que muitos dos nossos concorrentes e, ainda mais importante, provou que o conceito PCDC funciona em momentos difíceis. Será que fizemos tudo certo? Provavelmente não, mas o catalisador da Resposta Inteligente foi suficiente para causar uma mudança significativa no comportamento dos colaboradores e para levar ao resultado desejado nos negócios.

O segundo equívoco: não precisamos disso, pois o momento é bom

Estranhamente, também recebemos essa reação paradoxal ao conceito *Primeiro os colaboradores, depois os clientes*: ele não apenas não funcionará em períodos difíceis, como também é desnecessário em bons momentos. Respondo a esse equívoco com a história da formiga e da borboleta, que demonstra que as iniciativas radicais como a PCDC são mais necessárias quando as coisas estão bem, ou parecem estar bem.

Pense numa formiguinha. Ela aprende com seu pai e sua mãe e vai para a faculdade e depois para a escola de administração, e faz o MBA. Em algum ponto do caminho, a formiga começa a se impressionar consigo mesma. "Sou uma formiga melhor do que qualquer outra", ela diz. A formiga que se dedica particularmente pode se tornar uma formiga ainda melhor do que era antes. E se ela se dedicar ainda mais, pode se tornar o que chamo de formiga de passo rápido. E, sim, se essa formiga tiver sorte – como uma grande herança ou um cônjuge admirável – pode se tornar a formiga mais rápida de todas. Todavia, ela ainda será uma formiga.

Agora, se você é uma formiga e quer se tornar uma borboleta, isso é totalmente diferente. Você deve desejar muito. Deve estar disposto a abrir mão de todas as coisas de que gostava em ser uma formiga. Deve aceitar que todo o conhecimento que tinha sobre ser a formiga mais rápida não o ajudará a se tornar uma borboleta. Você precisará encontrar um tipo diferente de conhecimento.

Olhe a evolução de Mohandas Karamchand Gandhi para Mahatma Gandhi. Como ele fez isso? Ele teve uma ideia – a não violência – que nunca tinha sido pensada antes, que não estava estabelecida e que nenhum outro líder estava empregando. Ele partiu dos caminhos convencionais e normalmente percorridos e, ao contrário, tomou uma rota heterodoxa. Esse caminho o levou a um lugar impressionante, onde ele – e seus seguidores, sua nação e o mundo – nunca havia estado antes.

Uma formiga pode se tornar um CEO. Mas essa formiga não se tornará um líder verdadeiro sem se transformar em uma borboleta. O mesmo vale para os seres humanos. Se você é um CEO tradicional, a única maneira de se tornar um líder é escutar o seu eu interior. Se ele lhe disser para fazer algo, e se você puder fazer, você pode se tornar o líder que desejar.

Lembrei dessa história quando participei de uma conferência de CEOs na Costa Oeste em 2008. Falei sobre o conceito PCDC e, quando a sessão terminou e eu estava me preparando para ir embora, um jovem, cerca de 40 anos, se aproximou. Ele se apresentou como Huang Li (mudei seu nome) e disse que era o CEO de uma rede de hotéis chinesa. Huang começou a conversa cumprimentando-me pela palestra, mas logo fez uma crítica que havia se tornado extremamente familiar para mim.

"Embora suas ideias sejam muito interessantes de ouvir, Sr. Nayar", ele disse com uma confiança imperturbável, "não consigo imaginar que se apliquem a qualquer situação".

Eu já tinha ouvido esse comentário muitas vezes antes, e o ouvia seguidamente desde então. Sorri e convidei Huang para tomarmos um café no Networking Lounge. Enquanto tomávamos nossos cafés, começamos uma discussão.

"Tenho que dizer, honestamente", começou Huang, "que não vejo sentido na filosofia *Primeiro os colaboradores, depois os clientes*. Pelo menos não para mim e para a minha empresa".

Decidi não contrariar seus argumentos. Ao contrário, pedi para ele me falar sobre o seu hotel. Huang estava mais que disposto a contar a sua história, como a maioria das pessoas. Parece que era uma empresa familiar, o líder no segmento de hotéis e resorts de qualidade na região ao redor de Xangai. (Também mudei o local da empresa). A chave do escritório do CEO tinha sido passada de geração para geração. Até onde eu podia ver, a alta liderança era composta por um grupo de tios e primos, todos unidos geneticamente em uma diretoria leal e feliz.

Quando Huang falou sobre a liderança da empresa, seu legado e sua cultura, logo entendi por que ele não acreditava, e provavelmente não poderia acreditar, no conceito PCDC. Ele havia nascido dentro de uma empresa fechada e governada pela família. A ideia de que esses governantes corporativos imperiais respondam a seus empregados, de fato, seria totalmente ridícula para ele. Não podia culpá-lo por pensar assim.

Depois que ele falou da empresa, retornamos ao nosso tema original e, mais uma vez, o Sr. Huang questionou o conceito. "O senhor ainda acha que precisamos de responsabilização inversa e todas as suas ideias revolucionárias?", perguntou, com um certo desprezo. "O senhor pode ver que tudo está indo muito bem em nossa empresa".

Imaginei que ele não estaria tomando café comigo se realmente acreditasse que tudo estava perfeitamente bem em sua empresa, e decidi tomar um rumo diferente com ele.

"Diga-me, Sr. Huang, qual é a taxa de crescimento da sua empresa?", perguntei.

"É de 22% por ano", ele disse com orgulho.

"Isso é muito bom, eu acho", falei e fiz uma pausa.

Huang parecia um pouco ofendido. "Muito bom mesmo", ele disse. "É 5% acima da média do setor".

"Sem dúvida", falei. "Mas por que não é maior? Por que não 40 ou 50% ao ano?"

O Sr. Huang me olhou como se não tivesse ideia do que eu estava dizendo.

"Bem", falei, "o setor da hospitalidade na China – e especialmente em Xangai, onde fica a sua sede – é a galinha dos ovos de ouro do momento, não é?"

"É claro que sim!" Huang disse com evidente satisfação.

"E o senhor acaba de me dizer que a sua empresa é a líder no segmento principal. Então, se vocês são a principal empresa em um setor de rápido crescimento no melhor mercado do mundo, por que estão com um crescimento de apenas 22% ao ano?", perguntei. "Especialmente quando isso significa apenas 5% acima da média?"

Huang me lançou um sorriso malicioso, mas eu podia enxergar uma pequena nuvem de dúvida em seus olhos.

"Creio que o fato de que a sua empresa está crescendo apenas 22% ao ano deveria ser causa de preocupação para você", falei.

"Isso é absurdo", falou Huang.

"É possível. Pressuponho que seus hotéis tenham os maiores padrões, o maior conforto e que seus clientes sejam atendidos da melhor maneira possível".

Huang concordou com a cabeça, sem saber para onde eu estava indo.

"Sim, é claro, tudo é do nível mais elevado", ele me garantiu.

"Então, como vocês irão melhorar a sua taxa de crescimento no próximo ano e no ano seguinte? Especialmente se o mercado arrefecer. Ou se a concorrência alcançar os seus padrões?"

O Sr. Huang mexeu no café, mas não respondeu.

"O senhor me perguntou por que deveria inverter a ordem de responsabilidade na empresa e colocar os colaboradores em primeiro lugar. Minha resposta é que é a única maneira de continuar a crescer. É a única maneira de melhorar o seu desempenho".

Huang agora ouvia com mais atenção.

"Tenho certeza de que vocês fizeram tudo que podiam para melhorar seus recursos tangíveis", falei. "Instalações e conforto. Agora, creio que é hora de se concentrar em seu capital humano. Para dar um grande salto à frente, especialmente quando já se está em um nível elevado, é preciso colocar os colaboradores primeiro. Vocês devem fazer tudo que puderem para capacitá-los e se responsabilizarem perante eles. Se fizerem isso, verão sua empresa ultrapassar as próprias expectativas, além das do cliente. Vocês não precisam parar aos 22% de crescimento. Podem até chegar a 40! E mais importante ainda, vocês criarão um legado sustentável e serão lembrados pelo seu sucesso".

Huang riu dessa vez, e eu ri com ele. Porém, quando fomos nos despedir, puder ver que Huang tinha um certo desconforto. Eu tinha plantado a semente em sua mente. Espero que ela encontre a luz do sol e algumas boas gotas de chuva.

Eu não tinha dúvida de que o Sr. Huang era uma formiga rápida, talvez a formiga mais rápida no setor hoteleiro chinês. Mas não tinha certeza de que ele poderia se tornar uma borboleta. Na próxima vez que for à China, vou ficar em um dos hotéis do Sr. Huang e descobrir.

O terceiro equívoco: os clientes jamais enxergarão o valor

Chegamos à terceira objeção, embora os empregados de uma empresa que siga a estratégia PCDC possam enxergar o valor na iniciativa, é uma ilusão pensar que os clientes receberão qualquer valor direto a partir dela.

Minha resposta a essa incompreensão é a seguinte: o cliente não apenas enxerga o valor de forma bastante clara, como muitas vezes enxerga antes que nós, a liderança, enxerguemos. Lembra das histórias sobre como os clientes percebiam os colaboradores como os verdadeiros executores em nossa empresa e consideravam eu e a administração em geral como barreiras ou nada importantes para seu sucesso?

Pouco me vale dizer que os clientes enxergam o valor da iniciativa PCDC. Eles devem dizer por si mesmos e, felizmente para mim, o fazem com frequência. Isso aconteceu de maneira memorável em uma reunião do Global 100 (um grupo de CEOs de algumas das empresas mais importantes do mundo) realizada em Nova York e conduzida por Jack Welch, ex-CEO da General Electric. Depois da minha apresentação, Jack começou a questionar se o conceito PCDC poderia ajudar empresas em recessão. Dei uma longa resposta que talvez não tenha soado muito convincente, pois, depois de alguns momentos, uma pessoa na plateia levantou a mão e pediu para falar. Ele era o CEO de um dos nossos principais clientes, uma empresa da lista *Fortune 100*.

Ele se levantou. "Jack, vi a HCLT se transformar por meio da estratégia PCDC, e posso dizer, como cliente, que também funciona para nós". Opa! Eu sabia que o CEO era um importante apoiador da HCLT, mas não tinha ideia de que ele faria uma declaração pública e positiva do valor do conceito *Primeiro os colaboradores, depois os clientes*.

Isso não é tudo. Muitos dos nossos clientes dizem que nos adoram especificamente por causa do nosso compromisso com os empregados, e mais, esses clientes seguiram o nosso exemplo nesse movimento. Eles também estão implementando abordagens PCDC em suas empresas, de suas próprias maneiras. Eles costumam conversar com os empregados da HCLT sobre o que estão fazendo em suas próprias empresas, procurando uma avaliação e comentários honestos.

Nossos escores de satisfação do cliente, que estão altos e crescendo, aumentaram em 43% durante a recessão de 2008-2009. Os clientes ganham valor direto com o programa PCDC e, acredite-me eles sabem disso.

O quarto equívoco: a implementação exige iniciativas de grande escala

Na HCLT, não implementamos uma iniciativa técnica ou organizacional de grande escala para implementar a PCDC. Ao contrário, usamos pequenos catalisadores, adaptações nos sistemas existentes, reformulação de processos e muita comunicação.

Podemos ver o grande impacto de mudanças técnicas pequenas em muitas outras situações. O telefone celular, por exemplo, trouxe uma nova força econômica, lucros e produtividade para milhares de pescadores na costa indiana.

Enquanto estão no mar, eles podem telefonar para vários portos para buscar os melhores preços, gerando concorrência entre os compradores. Os compradores não gostam do novo equilíbrio de poder, é claro, mas pagam preços mais altos para os pescadores que atuam nesse trecho específico da zona costeira.

De maneira semelhante, o simples acesso à internet teve um grande impacto nos agricultores indianos. Geralmente em desvantagem econômica e analfabetos, os agricultores indianos tinham acesso limitado a informações e instrução sobre técnicas agrícolas que podiam melhorar seu campo. Eles raramente tinham acesso a materiais de qualidade, como sementes, herbicidas e pesticidas, ou a informações críticas, como previsões do tempo corretas, que ajudariam a melhorar a qualidade de seus produtos. Essas ineficiências mantinham os custos elevados e os lucros baixos.

O projeto e-Choupal (*choupal* significa "praça da aldeia" ou "ponto de encontro" em hindi) traz centrais de internet às aldeias agrícolas. Por meio dessas centrais, plantadores de soja, trigo, café e outros produtos têm acesso fácil a informações em tempo real na internet. Sabendo os preços atuais para os produtos em atacado, esses agricultores podem negociar preços melhores por conta própria e, assim, tirar um lucro maior de sua colheita.

A resposta a essa incompreensão: uma solução não precisa ser grande, complexa ou exigir uma iniciativa enorme para obter um resultado espetacular.

O quinto equívoco: nada a ver com o desempenho

Mesmo quando respondo a perguntas sobre os quatro primeiros equívocos, as pessoas ainda duvidam que uma iniciativa como a PCDC possa levar realmente a um crescimento e lucros significativos.

A melhor resposta a essa incompreensão é citar alguns fatos pertinentes aos quatro primeiros anos (2005-2009) da nossa transformação:

- Setenta por cento de todos os grandes contratos fechados pela HCLT foram ganhos das Quatro Grandes empresas globais de TI.

- O número de clientes aumentou em cinco vezes. Em receita anual, dobrou o número de clientes acima de $1 milhão, quadruplicou o de clientes de $5-10 milhões e o de clientes acima de $20 milhões aumentou cinco vezes.

- O atrito entre os empregados caiu em quase 50%. Isso inclui uma redução significativa no atrito entre indivíduos classificados como "destacados", o que demonstra a nossa maior capacidade de manter os nossos recursos humanos mais valiosos.

- Tivemos um aumento de 70% em satisfação do empregado segundo uma pesquisa externa e independente.
- As receitas triplicaram em um período de quatro anos.
- A renda operacional também triplicou.

E alcançamos tudo isso enquanto nos divertíamos muito e sem tentar ser algo além do que já éramos!

Agenda incompleta: tornando a mudança um modo de vida

Como já vimos, a jornada da estratégia *Primeiro os colaboradores, depois os clientes* progrediu por meio de uma sequência de fases.

Esses estágios foram: olhar no espelho, criar confiança pela transparência, inverter a pirâmide e transferir a responsabilidade pela mudança para todos. Na verdade, as fases, da maneira como as vivenciamos, não eram tão definidas como podem parecer à medida que se lê sobre elas. Muitas vezes, tínhamos que repetir uma das etapas. Às vezes, toda a sequência precisava ser repassada para uma determinada iniciativa ou uma área específica da empresa.

Então, a PCDC deve ser vista como um ciclo de atividade, uma jornada que recomeça muitas vezes. Todavia, embora a jornada comece e recomece incessantemente, ela jamais ocorre duas vezes exatamente da mesma maneira. A cada vez, usamos novos catalisadores e continuamos a forçar os limites de maneira mais vigorosa, para que possamos mudar a empresa ainda mais.

Isso é essencial, pois o mundo dos negócios está mudando muito. Todos estamos experimentando mudanças rápidas nas necessidades dos clientes, maior regulamentação, um nivelamento do campo competitivo e a natureza inconstante dos riscos e da ética. Quase todos os líderes empresariais que conheço estão navegando através de uma multiplicidade de forças jamais vista. Porém, mesmo com toda a complexidade no ambiente empresarial, ainda acredito que sempre haverá uma rota muito simples para o sucesso: uma gotícula, um catalisador, que coloca o processo em movimento.

Não obstante, não estou dizendo que sei tudo sobre esse tema, e não posso ter certeza de que o processo vá funcionar do mesmo modo, ou tão bem, em todas as empresas, todas as situações e todas as geografias, como tem funcionado para nós. Sei que existem imperfeições e inconsistências em nossa abordagem. E quando nos deparamos com uma delas, devemos olhar no espelho mais uma vez, fazer uma correção, e começar a caminhar novamente. A beleza, essencialmente, está nos experimentos e no aprendizado que ganhamos com eles.

Muitas pessoas – dentro e fora da HCLT – não compreendem o que estamos fazendo. Porém, muitas *entendem* a filosofia *Primeiro os colaboradores, depois os clientes* (e o raciocínio por trás dela), se entusiasmam e colocam as ideias para trabalhar para ela em suas vidas profissionais e pessoais.

Muitos empregados, por exemplo, aplicaram o que aprenderam na HCLT para fundar e dirigir seus próprios empreendimentos sociais. Outros ensinam a nossa filosofia em escolas e faculdades. Vários já me disseram que os princípios que seguimos os ajudaram a desenvolver uma nova perspectiva ante a vida e os ajudaram a funcionar melhor. Isso significa que podemos ter tocado até 55 mil empregados de diferentes maneiras. Se a nova geração de gerentes adotar essas ideias, certamente poderemos influenciar muitos outros milhares, talvez centenas de milhares. Isso é uma grande presunção, eu sei, mas o conceito PCDC também era quando começamos a falar nele.

A cada ano, centenas de pessoas deixam a HCLT para trabalhar em outras empresas ou para seguir caminhos diferentes em suas vidas. Considero essas pessoas como alunos da escola de pensamento PCDC, e espero que elas também levem as nossas ideias com elas em suas novas aventuras. Espero que estejam atentas à natureza da zona de valor em sua nova situação e estejam cientes da distribuição do poder, além de conscientes de como as formas de responsabilização agregam valor ou criam obstruções. Acima de tudo, espero que elas se sintam motivadas para virar a sabedoria convencional em administração de cabeça para baixo.

Sabemos que um único bom pensamento pode mudar a sociedade para melhor. Creio que o nosso é um bom pensamento. Quando começamos esta jornada, nosso objetivo era transformar a HCLT e, depois de cinco anos de viagem, certamente o fizemos. Para mim, tem sido uma experiência de humildade e autoconhecimento que eu não poderia ter feito sozinho. As pessoas em toda a empresa tiveram ideias que não teriam me ocorrido de outra forma. Elas colocaram os conceitos em prática de maneiras que me animaram. Elas sempre revelavam novos horizontes, as montanhas por trás das montanhas, que eu não via.

Este livro na verdade tem 55 mil autores.

Nossa jornada transformou não apenas a nossa empresa – como também me transformou. Em 2005, quando começamos, era como se eu estivesse cego, tateando o caminho à frente. Eu gostaria de poder dizer que enxergava o caminho mais claramente então, mas não posso. Estou feliz por ter começado aquela jornada desconhecida, pois essa foi a parte divertida.

Atualmente, por mais que meus olhos tenham sido abertos, questiono se ainda estou no escuro. Daqui a alguns anos, será que irei olhar para trás, para 2010, e dizer novamente que estava cego e tateando o caminho à frente?

Notas

Capítulo Dois

1. Andy McCue,"Dixons Outsources IT to India in US$263M Deal," *ZDNet Asia*, 23 de janeiro de 2006, www.zdnetasia.com/news/business/0,39044229,39306969,00.htm.
2. "HCL Ties Up with DSG International," *EFYTimes*, 19 de janeiro de 2006.
3. "HCL,Teradyne of US in $70-M Outsourcing Deal," *Hindu Business Line*, 14 de julho de 2006, www.thehindubusinessline.com/2006/07/14/stories/2006071405150100.htm.
4. McCue,"Dixons Outsources IT to India."
5. Barry Rubenstein, "HCL Technologies Is Disruptive and Bears Watching," IDC Event Flash, novembro de 2006.
6. "Hungry Tiger, Dancing Elephant: How India Is Changing IBM's World," *The Economist*, 4 de abril de 2007.

Capítulo três

1. C. K. Prahalad, *The Fortune at the Bottom of the Pyramid: Eradicating Poverty Through Profits* (Upper Saddle River, NJ: Wharton School Publishing, 2005).

★ Notas

Capítulo Quatro

1. Ori Brafman e Rod A. Beckstrom, *The Starfish and the Spider: The Unstoppable Power of Leaderless Organizations* (New York: Portfolio, 2006); e Rod A. Beckstrom, "The Starfish and the Spider," The Rod Beckstrom Group, *Website*, 26 de abril de 2009, www.beckstrom.com/The_Starfish_and_The_Spider.

Capítulo Cinco

1. Gary Hamel e C. K. Prahalad, "Strategic Intent," *Harvard Business Review*, julho-agosto de 2005, http://hbr.org/2005/07/strategic-intent/ar/1.

Índice

A Riqueza na Base da Pirâmide, 116
almas perdidas, 44–45
auto-orientação e confiança, 79
avaliação de 360 graus
   adição de transparência às revisões, 132–136
   avaliação do processo original, 131–133
   extensão do processo, 136–139
   questão do controle e, 130–131
   redefinida como instrumento de evolução, 140–141
   resultados de mudanças em, 141–142
   zonas de controle substituídas por espaços de influência, 139–140

BAIT (Business-Aligned IT), 156–160
Beckstrom, Rod A., 154
Bernhauer, David, 39
Brafman, Ori, 154

Centro de Engenharia da HCLT, 40–41
Ciali, Chuck, 101
clientes
   abordando seus processos administrativos mais críticos, 112–113
   explicando o conceito de PCDC para, 97–98
   foco no valor da equipe sobre o produto, 51–53
   reação à PCDC, 98
   reunião em Nova Déli para aprender sobre a PCDC, 95–98
   sucesso em conseguir clientes novos com a PCDC, 100–101
colaboradores
   dependência habitual do CEO, 159–163
   em primeiro lugar (*ver Primeiro os colaboradores, depois os clientes*)

ênfase em comunicação relevante com os colaboradores, 142–145
pesquisa para identificar as fontes de paixão dos colaboradores, 168–170
portal de valor entre colaboradores e clientes, 173–174
raciocínio para transferir a responsabilidade para, 178–181
SSD e (ver mesa de serviços)
transferência da responsabilidade para, 165–167
Comnet, 19–20, 34, 50
computação nas nuvens, 171–172
comunidades de paixão, 169–173
confiabilidade e confiança, 78
confiança pela transparência, 25–28
   convicções orientadoras, 102–103
   cultura da HCLT e, 82–84
   decisão de ampliar o acesso a informações financeiras, 86–89
   dimensões da confiança, 78–79
   ganhando novos clientes, 100–101
   impacto da transparência sobre a cultura, 85–86
   maneiras em que a transparência constrói a confiança, 83–84
   modelo familiar de confiança, 80–81
   objetivo de um escritório virtual aberto usando U&I, 90–92
   preocupações com site U&I, 91–93
   progresso nos quatro elementos da confiança de Maister, 98–99
   questões sobre o que a PCDC realmente significa, 64
   reação dos clientes à estratégia PCDC, 98
   reações após informações financeiras serem compartilhadas, 88–91
   resultado inesperado do portal U&I, 93–95
   reunião com clientes para explicar PCDC, 95–98
   reunião do plano sobre estratégia (ver reunião do plano)
Conselhos de Colaboradores, 169–172
credibilidade e confiança, 78
cultura da desculpa, 200–201
cultura na HCLT
   criando a necessidade de mudança (ver Reflexo no espelho)
   criando uma cultura de mudança (ver confiança pela transparência)
   gerentes do tipo "sim, mas", 72–74
   lidando com a cultura da desculpa, 46–47
   transformadores e aceitação da mudança, 43–44

dimensões da confiança de Maister, 78–79, 98–99
diretor de TI, 38–40, 111
Dixons (DSG International), 99–100

em cima do muro, 45, 72–74

Feedforward, 141
fusão com Axon, 177–179

Gandhi, Mahatma, 58–59
geração Y, 52–54
Gerentes do tipo "sim, mas", 72–74
Giesbrecht, Bruce, 39

Hamel, Gary, 189–190
HCL Technologies (HCLT)
   abordagem de transformação, 21–23
   história da empresa, 19–21
   PCDC
história da invasão dos adivasis, 146–148
Huang/história do hotel, 191–196

incompreensões sobre o conceito de PCDC
  encontrando compreensão na incompreensão, 30–32
  implementação exige iniciativas de grande escala, 197–199
  não afeta o desempenho, 199–201
  o cliente nunca enxerga o valor, 195–198
  o conceito não é necessário durante bons períodos, 190–196
  o conceito não funcionará durante maus períodos, 186–190
  Indicador de Paixão do Colaborador, 169–170
  intimidade e confiança, 78–79
  invertendo a pirâmide organizacional, 27–29
    abordando os processos administrativos mais críticos dos clientes, 112–113
    avaliação de 360 graus (ver avaliação de 360 graus)
    benefícios de, 78–79
    estrutura organizacional na HCLT, 108–109
    história sobre fazer suposições erradas, 144–145
    ideal radical da pirâmide invertida, 115–117
    incapacidade da pirâmide padrão de dar suporte à zona de valor real, 54–56
    lição do aviário, 106–109
    modelo familiar de responsabilização e, 117–118
    mudanças na localização da zona de valor 109–110
    preocupação com manter o *momentum*, 105–107
  questionando a pirâmide tradicional, 113–115
  responsabilização inversa (ver responsabilização inversa)
  resultados, 148–151
  reunião de Novos Rumos, 145–148
  tendências na tecnologia da informação e, 109–112
IPC (Indicador de Paixão do Colaborador), 169–170

Kennedy, Eamonn, 101
Kim, W. Chan, 30–31
King, Martin Luther, Jr., 58–59

lição do aviário, 106–109

Maister, David, 78
Mandela, Nelson, 58–59
Mauborgne, Renée, 30–31
Mesa de serviços (SSD)
  causas básicas dos problemas mais citados, 128–129
  contribuição para a satisfação do empregado, 129–130
  descrição, 121–123
  entendimento de que o sistema era reativo, e não proativo, 126–128
  objetivo do chamado zero, 129
  processo de, 123–124
modelo familiar da confiança, 80–81
MyBlueprint, 173–177

Nadar, Shiv, 19–20, 34, 35

PCDC. *Ver Primeiro os colaboradores, depois os clientes*
portal U&I
  implementação de uma área para "perguntas do CEO" no portal U&I, 162–166
  objetivos, 90–92

preocupações com, 91–93
resultado inesperado, 93–95
Prahalad, C. K., 116
Primeiro os colaboradores, depois os clientes (PCDC)
    criando uma cultura de mudança (*ver* confiança pela transparência)
    encontrando compreensão na incompreensão, 30–32
    fazendo uma autorreflexão honesta (*ver* Reflexo no espelho)
    foco na receita sobre corte de custos, 189–190
    incompreensões sobre (*ver* incompreensões sobre PCDC)
    invertendo a pirâmide (*ver* invertendo a pirâmide organizacional)
    transferindo a responsabilidade para os colaboradores (*ver* reformulando o papel do CEO)
    visão geral das fases, 24–29, 200–202
    visto como ciclo de atividade, 200–202
processo *Happy Feet* de revisão do desempenho, 136–139
Ps do marketing, 116

quatro Ps do marketing, 116
quociente de confiança, 76–77

Reflexo no espelho
    almas perdidas e aceitação da mudança, 44–45
    benefício de inverter a pirâmide, 55–57
    como autorreflexão honesta, 24–26
    como exercício de comunicação, 40
    decisão de fazer uma mudança, 35–36
    entendimento de que não ganharemos todos, 43–46

foco do cliente no valor de uma equipe sobre o produto, 51–53
foco improdutivo no sucesso passado, 50–51
incapacidade da pirâmide tradicional de dar suporte à zona de valor real, 54–56
inspiração de líderes históricos, 58–60
lidando com a cultura da desculpa, 46–47
mudança de olhar para trás para olhar adiante, 57–59
mudanças no setor de TI, 38
necessidade de definir seu ponto de partida, 36–37
necessidade de que os líderes aceitem a verdade, 48–49
os indecisos e a aceitação da mudança, 45
papel recentemente crítico do CIO, 38–40
realidade dolorosa de definir o ponto A, 41–42
situação na HCLT no começo dos anos 2000, 33–35
transformadores e aceitação da mudança, 43–44
uso repetido do processo, 59–61
zona de valor personificada pela geração Y, 52–54
reformulando o papel do CEO, 28–30
    adição de questões administrativas a comunidades de paixão, 170–173
    aplicando a PCDC à fusão com a Axon, 177–179
    criando comunidades de paixão sustentáveis, 169–172
    entendimento de que a empresa era centralizada demais, 154–155

ideia de envolver as pessoas por meio de suas paixões e crenças, 167–168
implementação de uma área para "perguntas do CEO" no portal U&I, 162–166
iniciativa da equipe de TI de implementar o BAIT, 156–160
objetivo de uma empresa autogovernada e auto-organizada, 181–183
transparência acrescentada para estabelecer estratégia da empresa, 173–177
responsabilização, modelo familiar, 117–118
responsabilização inversa
  aplicada a funções facilitadoras, 118–121
  conceito de *mesa de serviços* e (*ver* mesa de serviços)
  definição, 118–119
Resposta Inteligente, 188–190
reunião de Novos Rumos, 145–148
reunião do plano (Blueprint)
  aceitação gradual da ideia de uma nova estratégia, 72–74
  apresentação de fatos sobre o setor de TI, 67–68
  dúvidas quanto à capacidade da empresa de executar, 73–75
  escolha de duas estratégias, 65–66
  posição atual da HCLT, 67–68
  preocupações da equipe sobre o plano estratégico proposto, 70–72
  proposta de expandir para parcerias estratégicas, 68–69
  quociente de confiança, 76–77
reunião em Chennai, 41–42

Starfish and the Spider, The (Brafman e Beckstrom), 154
Surowiecki, James, 136

Tecnologia da Informação (TI)
  tendências, 38, 109–112
Teradyne, 101
transformadores
  aceitação da mudança e, 43–44
  aceitação gradual da ideia de uma nova estratégia, 72–74
  participação da geração Y neste grupo, 52–54
Trusted Advisor, The (Maister), 78

Wisdom of Crowds, The (Surowiecki), 136
zona de valor, 27–28
  benefício de inverter a pirâmide, 55–57
  incapacidade da pirâmide padrão de dar suporte à zona de valor real, 54–56
  mudanças em sua localização, 109–110
  personificado pela geração Y, 52–54
  responsabilização inversa (*ver* responsabilização inversa)